销售冠军是如何炼成的

阿里铁军销售进阶课

贺学友 著

四川人民出版社

TOP SALES 前言

销售是一个伟大的职业，也是一份充满挑战的工作。作为一个职业，它既能充分发挥从业者的个人才能，又能充分实现其个人价值。销售员可以从工作中不断经受历练，获得更多的个人发展机遇，也可以从工作中不断获取能量，促进个人的全面发展，实现人生价值。

然而，如何在销售工作中掌握正确的技巧，成长为Top Sales（顶级销售员），却是长久困惑着广大销售员的难题。很多销售员在其职业生涯中，只是作为一名普普通通的业务员，拿着微薄的薪水，整日奔波在大街小巷，行走于高楼大厦之间，且终其整个职业生涯，都无法跻身那些身价百万、轻松开展各种各样业务的Top Sales之列。

作为一名销售员，可能你时常会有这样的困惑：

茫茫人海，不知自己所要寻找的客户在哪里；

说了一大堆话，客户就是不买账；

做了很多努力，客户还是迟迟不肯签单；

对客户热情有加，客户却不理不睬，甚至转身离开；

同样的推销方式，用于甲客户顺利签单，用于乙客户却难以奏效；

客户心理抗拒，业绩不能突破，销售陷入困境……

其中的原因何在？关键在于你没有掌握Top Sales的销售规律，缺少销售技巧！

从事销售这么多年，我在这个领域算是获得过一些荣誉——我在进入阿里巴巴后的第二个月，就成为了全国Top Sales；曾带领阿里垫底的销售团队拿到了百万元收入；马云曾对我说，我很钦佩你……我也在实现并刷新着自己的财富、人生价值目标。与此同时，我也看到越来越多加入销售领域的年轻朋友，由于缺乏必要的理论素养和实践指导，在销售领域走了很多弯路，甚至频繁地换工作。基于此，我觉得有必要总结自己多年来的工作经验，给进入销售领域的朋友提供力所能及的帮助，帮助他们提升业绩，推动公司销售额的增长。

立言不易。从一名Top Sales、Top主管转变成一名传道解惑的老师，我希望用我成功的销售方式，帮助普通销售员掌握年入百万元的顶级销售技能，为奋战在销售一线的销售人员提供参考和借鉴。

不是产品不好卖，只是没有掌握销售方法。要想成为一名Top Sales，要想把产品顺利地卖出去，仅仅凭着对销售工作的热情是不够的，你还必须具备较高的销售综合素质，包括良好的心态和工作习惯，比普通销售员高出10倍的工作效率，开发精准客户、操刀顶级Sales Kits（销售工具）、高效拜访客户的能力，一流的谈判技巧，并且懂得客户分类和分解销售目标，运用Close 100遍（完成销售、与客户签约的有效技巧和方法，可理解为“尝试签单100遍”或“多次、不断地尝试签单”）进行客户跟进和灵活签单的技巧，等等。

这些能力和技巧都不是与生俱来的，必须通过学习和实践，通过不断的磨炼和完善，才能获得。实践的磨炼需要时间，对于每天都在和时间赛跑的销售员来说，其中的困难不言而喻，而学习和掌握Top Sales的销售规律和技巧，无疑是快速提高自己销售能力和销售业绩的一条捷径。

Top Sales的销售规律和技巧，是我从纷繁复杂的销售现象中用心观察，并结合自己的销售实践，提炼和总结出来的。某种程度上说，我认为它是销售行业放之四海而皆准的“金科玉律”，是商业智慧的结晶，是照亮销售员职业之路的明灯，是开启销售之门的金钥匙，是发掘财富宝藏的指南针。

本书通过通俗易懂的语言，分门别类、深入浅出地对这些销售技巧作了缜密的分析和介绍，同时结合诸多生动有趣的销售案例，阐述这些销售技巧在现实销售活动中的运用，让你一看就懂，一学就会，一用就灵。

无论你是在销售行业摸爬滚打多年的老手，还是入行不久刚踏上销售之路的新手；无论你是率领团队、独当一面的销售经理，还是奋战前沿的一线销售员；无论你销售的是保险、房地产、证券、汽车还是其他产品和服务；无论你面对的是专业的买主还是闲逛的客户；无论你采用的是面对面销售还是电话销售……这些销售技巧所包含的经验和智慧，都能给你提供最为实用、最有价值的指导，让你洞察种种商业行为背后的真相，拨开销售工作中的迷雾，少走弯路，少受挫折，迅速找到通往成功的捷径，从而成长为所在领域的Top Sales。

如果你有志于成为一名Top Sales，你可以把本书看成推动你成长、前进的助推器！今天，你认真研习，锤炼技能，成竹在胸；明天，你利器在手，攻必克，战必胜。

衷心希望我的这本书，能够帮助你找到人生的突围点。

TOP SALES

目录

1 Top Sales 认知
普通销售员和 Top Sales 有何不同?

2 目标分解
如何超额完成奋斗目标?

3 客户开发
如何开发精准客户，让业绩实现 10 倍增长?

4 操刀 SK
如何制作顶级的 Sales Kits?

5 客户拜访
如何高效地与客户打交道?

6 谈判攻略
如何在初次见面的60分钟里当场签约?

7 客户分类
如何通过客户分类快速推动客户，实现最快签约?

8 客户跟进
如何通过Close 100遍提高你的签单能力?

9 客户签约 如何踢好临门一脚，促进销售完美收官？

10 知行合一 如何做到理论结合实践，持续签单？

TOP SALES

1

Top Sales 认知

普通销售员和 Top Sales 有何不同?

大量的事实表明：90% 以上的销售员，在从事销售工作 10 年后，依然只是一名普通销售员。那么，为什么 Top Sales 能月入几万元甚至百万元，而普通销售员却只能勉强解决温饱？为什么你比别人更加勤奋、努力，别人的业绩却是你的 10 倍？到底是什么因素导致你没有成为 Top Sales？普通销售员和 Top Sales 在行为模式上，又有何不同？

心态不同：Top Sales 要有一种什么样的心态？

作为一个让人充满渴望和梦想的职业，销售职业的机遇与挑战是并存的。套用一句经典的电影台词就是：如果你爱他，让他去做销售，因为那是天堂——门槛低、赚钱多、见识广、技术含量高；如果你恨他，让他去做销售，因为那是地狱——体力透支、情感扭曲、老无所依。

踏进销售行业的大门十分容易，但若想在这个行业里做出成绩，成为 Top Sales，却并非易事。要想成为 Top Sales，除了要能够“努力到无能为力，拼搏到感动自己”外，还需要拥有良好的心态，不惧失败，敢于奋斗，行动果决。当然，并不是说拥有了良好心态的销售员就一定能成为 Top Sales，但心态不好的销售员却必定无法成为 Top Sales。

在工作中，许多销售员总是存在一种误解，认为销售是一份凭技巧取胜的工作，因而会花费大量的精力试图去提高销售技巧。其实，对于销售而言，技巧只是一个方面，真正决定销售业绩的，还是心态。一个技巧娴熟却心态消极的销售员，注定无法取得优异的销售成绩；反之，一个技巧平平而心态积极的销售员，却可以取得不俗的成绩。换言之，**心态才是决定销售成败的关键**。

不同的心态，决定了不同的销售结果。如果你想在销售的世界里纵横驰骋，成为令人艳羡的 Top Sales，那么从现在开始，你就应该拒绝消极情绪，摆正心态。要么你去驾驭生命，要么任由生命驾驭你。你的心态决定了谁是坐骑，谁是骑师。

那么，成为 Top Sales 需要一个什么样的心态？普通销售员和 Top Sales 在心态上面，又有何不同？

表 1-1 普通销售员和 Top Sales 在心态上的区别

普通销售员	Top Sales
不自信	非常自信
不乐观	乐观主义
谁都可以取代我	舍我其谁

☑自信

自信是成为 Top Sales 的基础。在激烈的市场竞争里，一个自信的销售员才能不惧困难、勇于挑战，才能突破重围，获得机遇；反之，一个缺乏自信的销售员，即便巧舌如簧，也不一定能将东西卖出去。

在实际的销售中，我看到许多销售员，要么怀揣太多的畏惧情绪，要么过度自卑。他们总是思前顾后、畏手畏脚，担心遭到客户的拒绝，担心产品卖不出去，担心业绩太差；他们害怕干不好销售，害怕老板批评，害怕被社会淘汰……

可以说，自卑感和畏惧情绪是阻碍我们建立自信、实现成功销售的最大屏障，它让我们无法用一种超然的姿态去积极应对销售工作中所遇到的问题和困难，它让我们饱尝失败。换言之，迈向 Top Sales 的第一步便是拆除这道屏障，努力克服并彻底摒弃我们内心的自卑感和畏惧情绪。

世界上没有卖不出去的产品，只有卖不出去产品的人。一名 Top Sales，一定懂得通过自信去使销售真诚可靠，去赢得客户的信任。这种自信，需要在长期的学习中获得，需要在实践中不断积累。

普通 sales 对公司的产品并不自信，对于产品能为客户带去的价值存在疑问，会在心里不自觉地发问："真的吗？"遇到竞争对手产品比自己公司产品效果好的时候，会自我怀疑。这种心态对签单毫无用处，更致命的是，客户会明显感受到 sales 的这份不自信。

相反，一个自信的 sales 会以近乎疯狂的状态跟客户交流，客户自然而然地会被他带动。这个时候，如果客户提出反对意见："你们的产品有这么好吗，你们提供的功能别人都有……"

Top sales 会表明："您的需求非我们公司莫属，竞争对手虽然有 1、2、3 同样的功能，但我们能解决 4、5、6 甚至更多的问题，我们能满足您的刚需，解决您的困惑。"

Top sales 会把他对公司产品的了解分析、拜访客户的事前准备，以及对每个谈判环节把控的自信都呈现给客户。这些也就成了最后签单成功的加分项。

没有哪个客户不喜欢乐观自信、积极向上的 sales。在谈判的时候，如果客户提出了 3 个反对意见，一位 sales 答不上来，另一位 sales 不仅全部答出，还讲了更多，你觉得客户最终会和哪位 sales 签单呢?

没有哪个客户会愿意将时间浪费在一个缺乏自信、充满畏惧情绪和恐惧心理的销售员身上，更别说购买他的产品。要想成为 Top Sales，就必须做到对自己、对公司的产品、对未来、对销售过程中的每一个环节都充满自信。只有当我们相信自己能够胜任销售工作、能够卖出产品、能够应对销售中的各项挑战，我们才能让他人对我们及我们的产品产生信任，从而更好地将产品卖出去。

正如爱默生曾经说过的那样："自信是成功的第一秘诀。"自信是普通销售员与 Top Sales 的分界线，是引领我们战胜自己、告别自卑的关键。要想成为 Top Sales，要想在销售的世界无往不胜，就必须时刻相信自己、相信公司、相信产品，始终以高昂的斗志、充沛的干劲，迎接每一项销售挑战。

☑积极乐观

除了自信，Top Sales 还必须拥有积极乐观的心态。积极乐观的心态能够保证销售员即便在业绩不理想的时候，仍然能够怀揣巨大的工作热情和必胜的信念；能够保证销售员在经历无数次的失败之后，仍心怀希望，坚持拼搏。

拥有积极乐观心态的 Top Sales，更容易获得理想的销售业绩。

从某种程度而言，是否拥有积极乐观的心态，直接决定着销售员的业绩高低。比如，你为自己设定了 100 万元的销售任务，快到月底时，你仅完成了 70 万元；此时，如果你是一个积极乐观的 Top Sales，你就会告诉自己，已经完成了一大半的任务，决不能松懈，并在心底暗暗为自己加油；反之，如果你是一个消极的普通销售员，你就会觉得完成任务无望，从而抱有一种“尽人事、听天命”的态度。

再如，在面对强势的竞争产品和客户的质疑时，如果你是一个积极乐观的 Top Sales，你就会自信满满地认为：我的产品就是最好的。反之，如果你是一个消极的普通销售员，你就会产生悲观、绝望、沮丧、忧郁、后悔、自责、怨天尤人等情绪。

拥有积极乐观心态的 Top Sales，更容易接近客户，取得客户的信任。从本质来说，销售其实就是一种信心的传递和信念的转移。积极乐观的人往往更善于发现工作和生活中的乐趣，更愿意向别人敞开心扉，无论走到哪里，都能成为“阳光使者”，所以也会具有更强大的传播力、吸引力和影响力。换言之，一个乐观的 Top Sales，能够让客户在购买产品或服务时，除了享受到产品或服务本身带来的利益外，收获一种快乐的消费体验，从而更愿意敞开心扉。

拥有积极乐观心态的 Top Sales，更容易战胜挫折，发现事物积极的一面。试想一下，当你去拜访客户的时候，被客户“请”了出来，你会怎么想呢?

乐观的 Top Sales 会想：“没关系，肯定还会有更好的客户在等着我，这次失败，说明我自己的沟通技巧还有待提高。”普通销售员会想：“总是被人拒绝，说明我的产品真的没有竞争力，也说明我确实不适合吃销售这碗饭。”

乐观的 Top Sales 会想：“没关系，失败是成功之母，只要不放弃，订单一定会是我的。这次之所以失败了，不是我不行，可能是我的准备不够充分、方法没找对，回去后，我应该好好想一下，究竟是我的产品和服务缺乏竞争力，不能满足客户需求，还是我的方法和拜访时间出了差错。相信只要我改进一下，下次一定会做得更好。”普通销售员或许就会认为：“完了，又失败了，这次又没法向老板交差了，不知道老板会不会因此而开除我呀。要是被炒了鱿鱼，就没有了经济来源……唉，我的命怎么这么苦！”

你瞧，这就是 Top Sales 和普通销售员的区别。当遭遇失败和挫折时，拥有积极乐观心态的 Top Sales 会心怀希望、重振旗鼓，客观冷静地分析失败的原因，不断提高销售水平，并走向成功；消极的普通销售员则会悲观失望，沉溺于强烈的挫败感中无法自拔，离成功越来越远。

☑舍我其谁

《孟子·公孙丑下》里有这样一句话：“如欲平治天下，当今之世，舍我其谁也？”意思是说：如果想使天下太平，在当今这个世界上，除了我还有谁呢？

这句话对于销售同样适用。

在现实的销售中，许多销售员之所以画地为牢，裹足不前，就是因为缺乏一颗“舍我其谁”的雄心。他们想为而不敢为，即便有再多的梦想，也不愿付出努力去实现，硬生生将无限的潜能化为有限的成绩。

许多时候，比起普通销售员，Top Sales 不过是多了一种“舍我其谁”的霸气和自信。比如，在面对客户拿自己的产品和竞争产品作比较时，Top Sales 通常会以一种“舍我其谁”的心态，坚定不移地说服客户：“我们的产品是最适合你的，我们的产品拥有 1、2、3、4、5、6、7 点优势，我们的竞争产品虽然也具有 1、2、3 点特质，但一定不具有 4、5、6、7 点特质，所以，我们的产品是不可取代的。”当这样自信的、充满激情的话语说出口后，客户自然会受到感染，从而选择购买你的产品。

相反，普通销售员则是一种“谁都可以取代我”的心态，认为竞争对手的产品很好，自己的产品确实有所缺陷。他们在受到客户打击时，虽然也会据理力争，但在心理上会认为自己的产品确实不如竞争对手好。这样一来，他们说出去的话势必会显得苍白无力，无法让客户信服。

心态决定成败。销售本身就是一个竞争激烈的行业，要想在这个行业里突破重围、脱颖而出，成为令人艳羡的 Top Sales，更好地实现自己的人生价值，就一定要拥有良好的心态，做到无论在何种境况下，都能自信、乐观地宣布：“舍我其谁！”

习惯不同：为什么你明明很努力了，却还是业绩平平？

不管是在我的课堂上，还是在实际的销售中，我常常会听到一些销售员抱怨：如今的销售不好做，我明明已经很努力了，却还是业绩平平。

比如我所熟悉的销售员小李，就是这样一个人。据小李说，他每天早出晚归，自己都被自己的努力感动了，业绩却始终不理想；而和他同组的另一位同事小黄，每个星期只见 3 次客户，业绩却是自己的 3 倍。对此，小李十分迷茫，不知道原因为何。

其实，和小黄相比，小李的问题就出在工作习惯上。要想成为一名 Top Sales，除了勤奋，还要掌握一定的销售技巧，更关键的是，要有良好的工作习惯。**作为一种内在修养，习惯可以影响一个人的性格，更决定着一个销售员的销售成败。**

“世界上最伟大的销售员”、连续 12 年荣登《吉尼斯世界纪录大全》世界销售冠军宝座的乔·吉拉德，是一名名副其实的 Top Sales。在他看来，与销售商品相比，更重要的是销售自己。而这个销售自己的过程，比如销售自己的人品、观念等，都表现在我们平时的工作习惯中。

常言道：“**优秀是一种习惯。**”对于销售员而言，好的习惯可谓价值千金。一个普通销售员养成了良好的工作习惯后，他的 Top Sales 晋级之路就会更顺畅。

那么，普通销售员和 Top Sales 在工作习惯上究竟有哪些区别？要成为 Top Sale，你又必须养成什么样的工作习惯？

表 1-2 普通销售员和 Top Sales 在工作习惯上的区别

普通销售员	Top Sales
努力过了，我不后悔	全力以赴，始终处于战斗状态
差不多就可以了	为了达成目标，努力到感动自己
觉得自己在给别人打工	为了自己的现在和未来拼搏

☑全力以赴

如果说幸运是 Top Sales 的谦辞，那么“努力过了”就是普通销售员的自我慰藉。

试想一下，你是否也有过这样的经历：每天早出晚归，跑市场、见客户，可到了月底依然业绩平平，于是你安慰自己，“努力过了，我不后悔”，并心安理得地接受自己的现状。不去反思失败的原因，更别提全力以赴，而你的业绩，也一如既往得不到提高。

在如今这个“走心”的时代，似乎无论面对什么困难或失败，只要说一句“努力过了，我不后悔”，便能抵消因失败而带来的全部内疚。

事实上，“努力过了，我不后悔”这句话并不代表你真的努力过了，反而是你自己变相地给“不努力”所找的完美借口，是造成你和别人之间存在巨大差距的关键，也是你晋级为 Top Sales 之路上的最大阻碍。

相比于用一句“努力过了，我不后悔”来让自己感到释然，Top Sales 更愿意反思自己：“为什么我这么努力，却依然没有成功？还有哪些地方可以改进？”

换言之，普通销售员和 Top Sales 对于“努力”的理解是完全不同的。前者所谓的“努力”，也许只是每天见客户时得过且过，跑客户累了就给自己找各种各样的借口，放松身心；而后者的努力则是拿出了百倍的干劲，全力以赴地追赶目标。正是这种对努力的不同理解，造就了普通销售员和 Top Sales 不同的业绩和命运。

诚如清代文学家赵翼所言：**“故凡可以得名者，必全力以赴，好为苟难，遂成风俗。”**一个人要想成功，就必须把全部精力集中到一起，竭尽全力、想方设法去做好一件事。对于销售员而言，养成不余遗力的习惯，保持全力以赴的状态，是突破困难和阻碍、打开成功大门、登上 Top Sales 宝座的关键。

我当初做销售的时候，有一个月在接近月末时，我做了约 19 万元的业绩，而全中国位居第一名的销售在当时已经做了约 31 万元得业绩。看似胜局已定，其他的 sales 都放弃了争第一名，因为差距太大，怎么追都追不上。

就在我想要放弃的时候，我的主管激励了我：影响你的不是远处的高山，而是脚底下的那粒沙子，不到最后一刻，万万不能放弃！

我备受鼓舞，是啊，我不能放弃，我从来都是最优秀的！

在月末的最后半天，我拿起电话本，疯狂打电话，看看有哪些客户能在最后时刻签单，就在最后时刻成交了两个客户，签了十几万元的业绩，以超出对手 2000 多元的业绩成为第一名。

原本遥遥无望的差距，全力以赴拼了一把，就能创造奇迹。而在实际的销售过程中，绝大多数普通销售员面对困难和阻挠时，都会知难而退，并安慰自己说“努力过了，我不后悔”。正是这种想为而不敢为的做法，决定了他们的业绩平平。

和这些普通销售员不同的是，一名 Top Sales 在遇到同样的境况时，不会轻易退步，而是会全力以赴，誓达目的才肯罢休。

拿我自己来说，当年在阿里巴巴工作时，我总是早上 6 点便起床。有时候为了见一个客户，我会倒三四次车。月末为了拼业绩，我常常会不分日夜地工作。这种全力以赴的工作状态，就像一束火苗，点燃了我身体里潜藏的所有能量，让我可以将工作做得更好，也让我取得了比之前更优异的成绩。

☑为了达成目标，努力到感动自己

目标没有做到百分之百明确；目标确定完毕之后，没有百分之百执行到位，这都是许多普通销售员最为致命的坏习惯。

对于一个销售员而言，目标的制定和执行是至关重要的。根据我多年的观察，我发现，无论是哪一个行业的 Top Sales，在工作时，他们都会制定明确清晰的工作目标和工作计划。比如，明天要拜访哪些客户，这些客户分别是什么类型；明天的拜访要达到什么样的目的，需要做好哪些准备……目标一旦制定后，他们就会不遗余力地朝着目标推进，不给自己任何理由和借口，百分之百地完成任务。

所以，下一次，当你在抱怨自己始终无法成为 Top Sales 时，不如反思一下自己：你是不是有明确的工作目标和努力方向？为了达成工作目标，你是否付出了全部的努力？面对没有完成的工作目标，你是选择了通宵达旦，还是抱着“差不多”的心态，把工作留到明天再做？

正所谓“明日复明日，明日何其多”，如果你总是想着“差不多了，明天再做”，如果你没有养成为达到目标而努力到感动自己的习惯，那么你就只能做一个普通销售员，始终在平凡的业绩里挣扎徘徊。

销售员的使命就是实现销售目标，这一点永远不会变。所以，晋级为 Top Sales 的第一步，**就是要学会制定自己的销售目标，并且按照销售目标，有条理、有计划地去一步步推进销售工作。**在这个过程中，还要不断思考：我的目标是什么？有没有什么方法能够让我更好地去靠近它？

当你设定了明确的目标，并且养成为了达到目标而不懈努力的习惯，你就会拥有更积极正面的工作态度，你就不会轻易被挫折和失败打倒，你离 Top Sales 也就会越来越近。

☑为了自己的现在和未来拼搏

觉得自己在给别人打工，是普通销售员普遍存在的心态和必须摒弃的坏习惯。

在现实的生活中，有些销售员总会发出这样的抱怨：我的工作太辛苦；我的老板太苛刻，总是要求的多又给的少……而面对同样的境遇，另外一些销售员却会这样激励自己：我对我的工作很满意，虽然薪水不高，但我每天都在成长；我的老板很好，销售让我感到快乐……

同样的职业，不同的声音，也决定了不同的命运。那些整天抱怨的销售员，只是浑浑噩噩地把销售工作当成了谋生手段，因为在混日子，所以他们永远“混”不出成绩；而那些善于激励自己的销售员，则是在为了自己的现在和未来拼搏，除了薪水，他们还有更宏大的理想和抱负，他们拥有成为 Top Sales 的巨大潜能。

表 1-3 列出了“觉得自己在给别人打工”的普通销售员和“为了自己的现在和未来拼搏”的 Top Sales 之间不同的工作态度。

作为一个销售员，你应该经常问一问自己：我的工作目的是什么？我到底在为什么而工作？难道我的工作仅仅是为了做给老板看，从老板那里换取每个月的工资吗？

只有明确了做销售的真正目的和意义，用心去体会做销售的乐趣，你才会焕发出无限的热情，养成正确的工作习惯，并且持之以恒，使自己拥有巨大的销售动力，为了获得更好的成长与进步而不懈努力。

表 1–3　普通销售员和 Top Sales 在工作态度上的区别

情景	普通销售员	Top Sales
每个月要完成多少多少业绩，即使完成了，报酬也不会很高	因为报酬低而不努力	报酬虽低，但是能使自己得到成长，所以要努力完成业绩目标
公司要求每天拜访 8 家客户	难度大，需要付出太多，不愿努力	公司要求拜访 8 家，我至少要完成 10 家
公司要求签对赌协议去学习销售知识，学习归来业绩达标则给予奖励，否则自己付费	学习需要费时费精力，还要自己掏钱，不愿意	不仅可以学习新知识，还可以激励自己提高业绩，一定要去学习

记住，你必须从一开始就树立“为自己的现在和未来拼搏”的工作观念，始终以主人翁的姿态去对待销售工作。当你做到了这一点，你才有机会成为 Top Sales。

效率不同：为什么 Top Sales 的效率比普通销售员要高 10 倍？

除了心态和习惯上的不同，普通销售员和 Top Sales 的区别还体现在工作效率上。

对于每一个人而言，时间都是公平的，它既不可以储存，也不可以增加，更不可以转让。从本质上来说，销售其实就是一项与时间赛跑的工作。**销售员要想完成从普通销售员向 Top Sales 的晋级，就必须努力提高自己的工作效率，让自己的工作时间更有价值。**

不知道在实际的销售工作中，有多少人曾计算过自己的时间究竟值多少钱？假设我们的年收入是 10 万元，每周的工作时间是 40 个小时，那么，我们全年的工作时间就是 2080 个小时，平均下来，每小时的工作单价就是 48 元。在这一年中，如果我们每天浪费 1 小时去做那些没有意义的事情，那么全年就会浪费将近 1.25 万元。

通过这个简单的数学计算可以看出，在我们眼里微不足道的 1 小时工作时间，全年累计起来，其实也能创造出不小的价值。这便是提高工作效率的重要性，也是很多销售员无法成为 Top Sales 的关键原因。

据不完全统计，Top Sales 的工作效率至少会比普通销售员高 10 倍。那么，这 10 倍究竟高在哪里呢？我们不妨通过下面的表格来了解一下。

表 1-4　普通销售员和 Top Sales 在工作效率上的区别

普通销售员	Top Sales
为了开发客户而开发客户	为了精准开发客户而开发客户
为了拜访客户而拜访客户	为了达成目标或目的而拜访客户
尝试性提出签单	为了帮助客户创造价值而签单
为了学习而学习	为了创造自己新的价值而“对标”学习

☑为了精准开发客户而开发客户

所谓精准开发，就是指通过各种渠道，将产品销售给有需求、有付款能力和有购买决策权的 A 类客户（指第一 KP[①]、有需求、有购买能力的精准客户，关于 A、B、C、D 四类客户的区分标准，请参见第 7 章的详细阐述）。

比如，当接受老板每天必须打 100 个电话、开发 4 ~ 6 家客户的工作任务后，普通销售员或许会在产品和市场还没有研究好的情况下，就通过各种渠道得到客户的电话，不假思索地去找客户。而这样做的结果往往是，电话打了上百个、客户拜访了十几家，却没有半点收获。

Top Sales 在接到同样的任务后，却会采用不同的策略。通常，他们会认真查找客户资料，对这些客户是否匹配自己的产品和是否

① Key Person，本义是关键人，书中具体指销售过程中的关键人，即跟销售决策有关的人员，如老板、销售经理等。

有能力付款做仔细分析，然后根据分析结果找出精准客户，并进行拜访。

对比普通销售员和 Top Sales 的做法，我们可以发现，普通销售员在销售的过程中，主要犯了以下三大错误：

（1）不知道去哪里开发精准客户；

（2）未识别出谁是精准客户；

（3）懒得开发精准客户。

事实上，与“为了开发客户而开发客户”相比，精准开发客户可以节约大量时间，提高销售效果和转化率。这是因为，在精准开发客户的过程中，我们实际上已经通过对客户资料的分析整理，明确了客户范围，确保了努力与目标的一致性，这就为销售成功打下了基础。

☑为了达成目标或目的而拜访客户

作为销售活动中很重要的一个环节，拜访客户必须得到每一个销售员的高度重视。

在实际的销售过程中，许多销售员总是错误地将拜访客户当作一种普通的见面，认为拜访客户只是一个与客户碰碰面、向客户介绍产品用途的简单过程，并不需要任何技巧。事实上，从本质上来说，拜访客户不仅是一种现代化的商业技巧，更是一种提高销售效率的永恒艺术，对于销售的成败起着决定性的作用。

在拜访客户这件事上，普通销售员和 Top Sales 的结果也是不同的。前者总是吃闭门羹，后者却能够长驱直入、旗开得胜。造成这种不同结果的原因在于，普通销售员通常是为了拜访客户而拜访客户。比如公司规定销售员每天必须拜访 6 ~ 8 家客户，那么普通销售员就可能会为了凑够 6 家客户的拜访量盲目地去扫街；而 Top Sales 则是**带着目标或目的，有针对性地去拜访客户。**

比如，我在阿里巴巴做销售员的时候，每次在拜访客户前，我都会首先找出客户的名单，并且按照就近原则，以镇工业区、一栋楼、街道附近为单位归类客户。这样做的好处是，确保了同一地区的客户可以一起拜访，从而最大限度地节约拜访时间。

在分类的过程中，我还会详细标注出所有客户的具体资料，找出自己的精准客户，进行精准拜访。根据目标客户的不同情况，我会将他们细分为预约性的客户、维护中的客户和下了单的客户三大类。对于预约性的客户，我会重点介绍公司的优势，尽量争取到约见机会；对于维护中的客户，我会着重加强感情的沟通，提升他们对公司和对我的认同；对于下了单的客户，我会尽量维持客户的好感度。

这样有目的的拜访，让我的工作效率得到了极大提高，也是促使我成为 Top Sales 的关键。所以，在 Top Sales 的炼成过程中，必须做到“为了达成目标或目的而拜访客户”，而不是“为了拜访客户而拜访客户”。

在实际的客户拜访中，普通销售员的拜访效果之所以不显著，并不是因为客户对他们反感，而往往是因为他们在拜访之前漏掉了筛选客户这一关键步骤。不懂得取舍，既浪费了时间，又效率低下。

一般来说，在拜访客户之前，Top Sales 会对客户进行以下三个方面的鉴定。

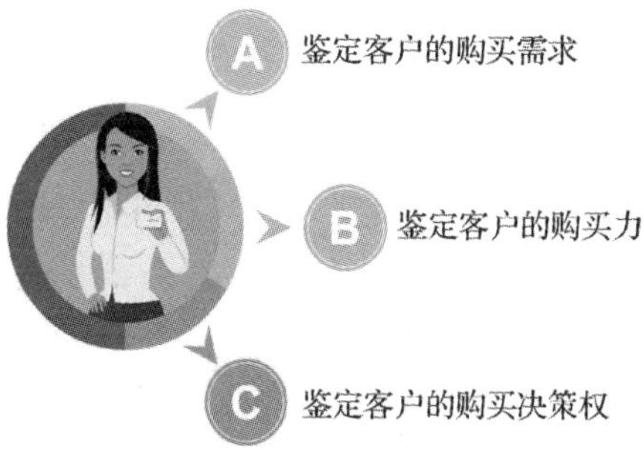

图 1-1 Top Sales 在拜访客户前会做的三个鉴定

（1）鉴定客户的购买需求

Top Sales 在拜访之前，会有意识地通过电话、微信与客户闲聊，据此判断客户是否有购买需求。

一般来说，客户的购买需求可以分为明显需求和潜在需求两种。所谓明显需求，指的是客户对你的产品的必要性表示认可；所谓潜在需求，指的是客户没有发现你的产品的必要性。

事实上，大部分客户都属于潜在需求群体，这也是很多销售员会认为“销售很辛苦”的原因所在。挖掘一个客户的潜在需求不是一件容易的事，稍不注意就会遭到客户的拒绝。

但我们换一个角度想问题：如果所有的客户都是有明显需求的，那么怎么会有 Top Sales 一说呢？所以，鉴定客户的购买需求，特别是潜在需求，是销售员最需要去努力的方向。

（2）鉴定客户的购买力

客户的购买力，也就是客户的支付能力。购买力是判断一个潜在客户是否能成为精准客户的重要条件。

关于购买力的鉴定，如果你面对的客户是个人或者家庭，那么你可以通过调查其收入水平、住房面积大小、所在小区之类来进行判断；如果你面对的客户是企业，那么你可以通过其经营状态、银行资信、资金预算等方面来判断。

要准确地鉴定一个客户是否有购买力，并不是一件简单的事，需要销售员在前期做大量的资料搜集工作，以便从各方面的资料中对客户的购买力进行推算。

需要注意的是，如果你鉴定出你的客户没有购买力，即使对方有购买需求，他也不可能转化为精准客户。

（3）鉴定客户的购买决策权

所谓购买决策权，是指你要去拜见的客户是否有购买的决策权力，也就是说，是否有签单的权力。如果你即将去拜见的客户没有购买决策权，即使他有购买需求和购买力，他也不是你的精准客户，你也没有去见他的必要了，这样做只会浪费你的时间和精力。

所以，Top Sales 在去拜见客户之前，会通过各种资料判断对方是否有购买决策权。如果没有，他会想办法摸清对方有多大决策的权力，并尝试通过对方找到第一 KP。

鉴定客户的购买决策权并不是凭空瞎想的，它是有规律可循的。比如，在一个家庭中，不同的经济收入、文化背景和职业背景，其购买决策权也会不同，销售员要摸清丈夫和妻子谁有购买决策权；在一个公司里，购买决策权也会根据金额的大小而不同，销售员要想办法了解公司的运作情况及管理机制，掌握客户内部主管人员与部门领导之间的权力范围和职责界限。

☑为了帮助客户创造价值而签单

事实上，那些持续签单的 Top Sales 之所以能成功，正是因为他们具备了一些过人的销售“天赋”。这里的“天赋”，并不是指常规意义上的与生俱来的天赋异禀，而是指可以通过学习与锻炼得到提升的，对于灵活性、感染力、敏感度、自我驱策、社交等的把控能力。这种天赋可以帮助销售员创造出巨大的销售价值。

生活中，我们常常会看到这样的销售场景，即到了签单环节，很多普通销售员会这样说服客户：“王总，今天我们谈得差不多了，就签了吧。”此时，对方通常会回应说：“我再想想。”而这一想，签单基本就无望了。

不知道你是否想过，为什么会出现这样的情况呢?

事实上，当普通销售员说出“王总，我们就签了吧”这种尝试性的签单话语时，他们实际上是在将客户往外“推”。这会让客户认为他们之所以这样说，是因为购买他们产品的人太少，从而陷入一种犹豫不决，最终导致签单失败。

同样的情况下，Top Sales 一般会使用“为了帮助客户创造价值而签单”的“吸引”性话术技巧，例如：

王总，您对我们的价值是认可的，对于我们产品的功效可以解决您的1、2、3、4大问题也是认可的，而且您也刚好有这方面的预算。如果我们今天说再见了，下次也不知道什么时候再见面。您如果错过了这个机会，对您而言将是极大的损失；对我而言，无非是换个客户而已。总而言之，我们的产品是能够为您创造价值的，而您也是因为这个价值才购买我们的产品，并非因为您看我顺眼。所以，是您不能失去我们这个产品，而我们的产品却可以失去您。

在这个说服的过程中，Top Sales 首先会让客户意识到，他们决定购买的动机是非常明智的，而且这种购买一定会物有所值。

普通销售员和 Top Sales 的“一推”和“一拉”，谁更高明，一目了然。

☑为了创造自己新的价值而“对标”学习

高士其曾经说过：“对世界上的一切学问与知识的掌握并非难事，只要持之以恒地学习，努力掌握规律，达到熟悉的境地，就能融会贯通，运用自如了。”这句话运用到销售上，同样成立。

造成普通销售员和 Top Sales 在工作效率上存在巨大差距的，除了客户开发、客户拜访和签单外，还有学习能力。学习的最大好处就在于，它可以最大限度地帮助我们提升自己，减少我们犯错的概率，缩短我们摸索的时间，让我们更迅速地完成 Top Sales 的晋级之路。

从本质上来说，成功其实就是一种思考和行为习惯，而学习能力则是成为 Top Sales 的基础。Top Sales 几乎无一例外都是注重学习的高手，他们不仅善于通过学习提升自己各方面的能力，更懂得让学习成为自己的习惯。

提到学习，在现实生活中，常常会有销售员向我抱怨：“每天都要拜访许多客户，早出晚归的，哪里还有时间学习？”其实，时间就像海绵，挤一挤总是会有的。你之所以不去学习，不是因为你真的没有时间去学习，而是因为在你的内心深处，并不愿意去学习。

以我自己为例。当年在阿里巴巴做销售员的时候，尽管工作繁忙，经常半夜才到家，我始终没有放弃过学习。每天睡前，即便再累，我也会坚持看半个小时的书。这个习惯，我一直保持至今。

我深知，作为一个销售员，如果不去学习和充电，你就会退步。如果你不想原地踏步，希望让自己拥有更强大的实力，坐上 Top Sales 的“交椅”，你就必须有“充电”的意识，不放过任何一个学习的机会。

那么，作为销售员，我们应该找谁学？学什么呢？

下面这种 Top Sales 最常用的，为了创造自己新的价值而“对标”学习的方法，或许可以给你一些启发。

（1）找谁学？——找行业里或公司里的 Top Sales 学习

俗话说：“三百六十行，行行出状元。”每一个行业，都有它独特的社会属性，都有这个行业的 Top Sales。这些行业的 Top Sales，就是我们最好的学习对象和学习资源。

例如，你是一名电脑销售人员，当你在大卖场销售电脑的时候，你会发现有些销售员吆喝一天也成不了一单，而有些销售员却频频成交。那些频频成交的销售员，就是你需要学习的对象。

具体来说，在向那些行业 Top Sales 学习时，我们可以采用“**一看、二记、三实践**”的方法：

“一看”，即观察 Top Sales 的销售话术、销售套路和客户的状态，学会捕捉客户的购买冲动；

“二记”，即用心记住 Top Sales 的语言表达、细节举动以及售前、售中、售后过程，尤其是那些让你印象深刻而且能促成成交的举动；

“三实践”，即除了要看、要记，还要将自己所看到的、所记住的运用到实际销售中，要始终牢记：只有自己做到了的，才是真正属于自己的。

（2）学什么？——什么不足学什么

人无完人，我们每个人都有自己的优点和缺点。在晋级为 Top Sales 这条路上，我们要多学别人的长处，多补自己的短板。比如，如果缺乏销售技巧是你最大的问题，就多学习销售话术和成交技巧；如果情商是你最大的不足，就着重练习提升情商……

以我自己为例。因为我没有任何海外留学和工作经验，所以我深知英语能力差是我最大的短板。为了弥补这个短板，我下载词霸软件去背诵、理解阿里巴巴外文网址（www.alibaba.com）上的 1000 多条子类目，每天晚上最后一个离开公司，直到把 1000 多个子类目、10000 多个专业单词全部背会。就这样，之后我再去见客户时，就不会因为疏于对一些业内英文单词的掌握，而处于下风了。

在阿里巴巴做销售的时候，一口流利的英语不仅让客户感受到了我的专业，也提高了客户对我的信任度和认可度，成了我持续签单成功的重要原因之一。

你瞧，这便是学习的重要性。

当然，销售员还应该多学习一些专业知识，比如产品知识、销售技巧等。此外，一些非专业方面的知识，比如礼仪知识、思维训练等，也应该多学习，从而全方位、多角度地不断提升自己的销售能力。

学习和充电，是每一位销售员的必修课。你只有主动去学习新的知识，才能更好地“往上攀升”，不断提高自己。否则，你就会跟不上时代发展步伐，陷入落后和被动的境地。

一分努力，一分收获。世界上没有无缘无故的成功，那些 Top Sales 之所以比你强，绝不是因为运气，而一定有客观的原因：也许是他们比你拥有更好的心态，也许是他们比你拥有更好的习惯，也许是他们比你拥有更高的工作效率。如果你也想成为 Top Sales，你就必须在这些方面多下功夫。

5~15 倍！普通销售员和 Top Sales 的价值差异为何如此大?

在前文中，我们已经分析了普通销售员和 Top Sales 在行为模式上的三大主要区别。而这些行为模式的不同，也直接导致了普通销售员和 Top Sales 的价值差异。下面，我们就来具体分析一下这些价值差异。

☑普通销售员每天开发2 ~ 3家客户，Top Sales每天精准开发 3 ~ 5 家有效客户

首先，普通销售员和 Top Sales 的价值差异表现在开发客户上。

普通销售员每天最多只能开发 2 ~ 3 家客户，这是因为在开发客户的过程中，他们往往是盲目的，并不知道对方是否为第一 KP，是否有需求和付款能力。许多销售员在开发客户的过程中，常常会误认为一个公司的经理、总监就是第一 KP，结果费尽口舌、花费大量精力向对方推介产品，最后却发现对方即便很感兴趣，也根本做不了主。

所谓的第一 KP，就是指具有最终决策权力的人。在拜访客户的过程中，只有找准了第一 KP，才能做到事半功倍。

比如，在一个公司内部，购买办公用品这件事通常由人力资源

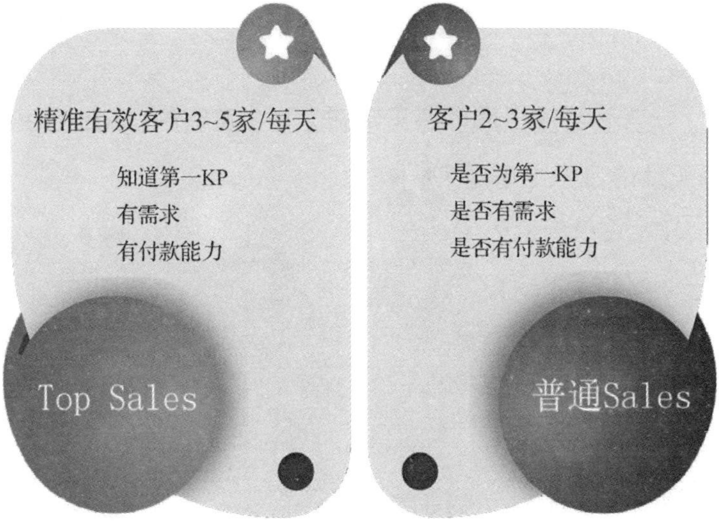

图 1-2 普通销售员和 Top Sales 在开发客户上的价值差异

总监决定。所以，许多普通销售员在开发客户的过程中，会理所当然地误认为人力资源总监就是第一 KP，从而把大量的精力花费在无用功上。

事实上，每个公司的管理岗位都是有签字金额权限的，所以人力资源总监顶多只能算是关键 KP，而非第一 KP。同样是开发客户，Top Sales 往往会更精准。他们会通过各种渠道和资料，去判断人力资源总监是否为这家公司的第一 KP。如果不是，Top Sales 会分析这家公司的第一 KP 究竟是谁，这家公司是否具有需求和付款的能力，而绝不会花费无谓的时间和精力在错误的人身上。

正因为如此，Top Sales 的工作效率是非常高的，他们往往一天能开发 3 ~ 5 家精准客户。

☑普通销售员最多每天拜访 2 ~ 3 家客户，Top Sales 每天拜访 3 ~ 5 家客户

图 1-3 普通销售员和 Top Sales 在拜访客户上的价值差异

其次，普通销售员和 Top Sales 的价值差异表现在拜访客户上。

我们先来假设这样一个场景：作为一名销售员，你马上要去拜访一个客户，而且这是你和客户的第一次会面，这个客户对你至关重要。在拜访前夕，你需要做好哪些准备呢?

如果你的答案是，认认真真地准备第二天约见时客户可能会提出的问题，力争做到有问必答，充分展示自己产品的价值，那么，这说明你还是一个普通销售员。

相反地，Top Sales 通常不会这样做。比起准备问题，他们更愿意全方位地去充分了解客户，弄清楚客户的需求、预算、决策流程以及自己的竞争对手，想方设法在拜访时让客户心甘情愿地下单签约。

在拜访客户的过程中，Top Sales 通常会通过和客户的沟通、询问，去了解客户的渴望和恐惧，具体来说就是：客户最想要什么；客户希望通过所购买的产品达到什么目的、解决什么问题；客户购买产品时最担心什么，是售后服务，还是产品功能不全？

在销售的过程中，Top Sales 会有效倾听客户的疑问，向客户阐述产品的价值。与大部分能言善辩、以口舌之利为骄傲资本，并且把在客户面前口若悬河看成是对成交的有力推进的普通销售员不同，Top Sales 把销售过程中的“听”看得比“说”更为重要。他们深知，一个成功的销售过程，对客户问题的倾听和分析需要占用 70% ~ 80% 的时间，而在这个过程中，“听”和“问”，尤其是“听”占据着主导地位。

当然，在客户说完之后，Top Sales 也会适时地向客户总结一下产品的价值，以消除客户的质疑，达到高效沟通的目的。

这样的拜访技巧，决定了 Top Sales 每天可以有效拜访 3 ~ 5 家客户。而普通销售员，因为没有掌握这些技巧，在拜访客户时往往就像大海捞针，辛劳一天，最多也只能有效拜访 2 ~ 3 家客户。

☑普通销售员尝试签单，客户休眠 1 ~ 2 个月；Top Sales 持续签单，要么签掉，要么开掉

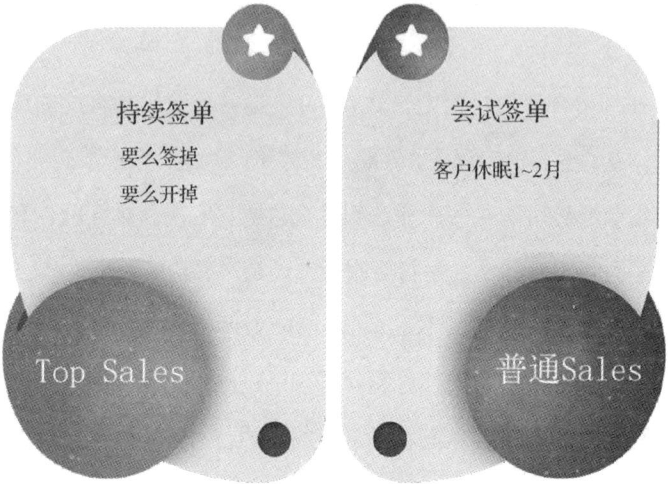

图 1-4 普通销售员和 Top Sales 在提出签单要求上的价值差异

最后，普通销售员和 Top Sales 的价值差异表现在提出签单要求上。

一般来说，普通销售员到了 Close（尝试签单）阶段，会先尝试性地提出 3 ~ 5 次的签单要求。此时，大部分客户出于各种原因，会推脱一下，而不愿立刻签单。面对这种情况，普通销售员就会觉得不好意思。为了不把客户逼急，避免客户跑单，他们通常会这样说：“王总，您想好了打电话给我。”

事实上，当这样的话说出口后，签单基本上就无望了。除非你真的碰了大运，否则是不会有客户主动打电话给你的。大部分情况

下，客户会在你的客户管理系统里休眠 1 ~ 2 个月。于是，为了签单成功，你可能就会隔几天打电话去询问一下客户，或者隔几天去拜访一下客户。而这样做，即便是成功签单了，也会花费你更多的时间和精力，降低你的工作效率。

相反地，Top Sales 到了 Close 阶段，就会信心百倍地提出签单请求。通常，他们会这样对客户说："王总，我们产品的价值您也认可了，今天我们就把这个事情定下来，这样您就可以马上让产品产生价值了……"

此时，如果客户推脱，Top Sales 就会接着劝服："您看您如此成功，就要及时做决策。这样吧，您今天定下来，明天我们就可以开始执行了……"

如果客户持续给出不签单的理由，Top Sales 就会不断地解除客户的疑虑并提出签单要求。

在这个持续提出签单要求的过程中，客户会将自己内心最深处的疑虑或者其他担忧的问题全部暴露出来，而 Top Sales 也就能针对客户的这些问题，做出清楚的解答。当客户完全打消了自己的疑虑和担心后，签单便自然而然了。

事实上，客户的大部分推脱其实只是习惯性的动作，正因为 Top Sales 深谙此中道理，所以才不会被客户这些习惯性的动作所欺骗。

当然，即使是 Top Sales，也不能保证每次拜访的客户就能当场签单。如果碰到了持续 Close 后，客户仍然不愿签单的情况，

Top Sales 一般会放弃这个客户。因为对于他们而言，如果一个客户当天不能签单，那么就有可能会在客户管理系统里休眠 1 ~ 2 个月，这实际上会变相降低他们的工作效率。

所以，对于 Top Sales 来说，到了 Close 阶段只有两种结果：要么签掉，要么开掉。

☑普通销售员和 Top Sales 的价值差异计算公式

上面我们详细分析了普通销售员和 Top Sales 的价值差异，下表可以让大家更直观地感受这些差异。

表 1-5　普通销售员和 Top Sales 的价值差异

普通销售员	Top Sales
开发 2 ~ 3 家客户 / 天， 3 ~ 5 次拜访。	精准开发 3 ~ 5 家有效客户 / 天， 1 ~ 2 次拜访。
有效拜访 2 ~ 3 家客户 / 天， 3 ~ 5 次拜访。	有效拜访 3 ~ 5 家客户 / 天， 1 ~ 2 次拜访。
尝试 Close 后， 客户休眠中 1~2 个月。	要么签掉，要么开掉， 1 ~ 2 次拜访就签单。

通常，我们会采用下面的公式来计算普通销售员和 Top Sales 的价值差异。

精准客户 × 有效拜访 × 一次性签单概率 ×（心态 + 状态 + 效率）= 价值差异结果

将上面表 1-5 中的数据代入公式计算：Top Sales 每天至少开发精准客户 3 家 × 每天至少有效拜访 3 家客户 × 一次性签单概率 N× 前面章节所说的心态、状态和效率各 1 倍，最后的结果约为 5~15 倍业绩增长。

虽然每个人的能力不尽相同，导致不同 Top Sales 的一次性签单概率也会有所不同，但是根据我的经验，结合上面表 1-5 和价值差异计算公式，得到普通销售员和 Top Sales 之间的价值差异可以达到 5~15 倍。

正所谓“能力决定效率，效率决定结果”，这 5~15 倍的价值差异，就是普通销售员在晋级为 Top Sales 的过程中，必须完成的超越。

TOP

SALES

2

目标分解

如何超额完成奋斗目标?

销售目标是每个销售员在每年、每季度或每月都会制定的。制定销售目标也是有技巧的，它需要你不断给自己加码。同时，制定目标后，你还要学会把目标分解成若干小目标，并且切实地付诸执行，这样才能逐步实现大目标。你需要对目标负责、具备解决问题的能力、有推动目标落实的责任心，其中每一点都是严峻的考验。琢磨透了这些，在分解销售目标时，你就会游刃有余了。

制定销售目标：不断给自己加压

作为一名销售员，你每年会给自己制定多少销售目标？你下个月的目标是会低于这个月，还是高于这个月？你属于保守派，只是根据当前的销售情况制定目标；还是激进派，敢于挑战自己的极限，不断给自己加压？

在回答这些问题前，我想首先和大家分享一下我的故事。

当年，我在阿里巴巴做销售时，制定目标的方式和别人有很大的不同。那时候，其他的销售员如果当月的销售目标是 30 万元，而他们完成了 20 万元，那么他们在制定下个月的销售目标时，依然会维持 30 万元。但我没有这样做，我总是在不断给自己加压。

比如，我这个月的销售目标是 30 万元，完成了 20 万元，那么，我下个月的销售目标就会变为 50 万元。如果下个月的 50 万元目标中，我完成了 35 万元，那么下下个月，我的目标就会变成 70 万元。总之，我会不断给自己加码，每个月至少加 10 万元到 20 万元。

也许在很多人看来，我这样的做法很疯狂。在他们的观念里，本身的 30 万元就已经完成不了，还不断加码，只会更完成不了。可是我不这样认为，事实上，在这个不断给自己加码的过程中，看似我没有完成任务，但我的销售额却得到了不断提升。当其他人每个月依然只能完成 20 万元业绩的时候，我的业绩可能已经由 20 万元上升到了 30 万元，再上升到 40 万元、50 万元、60 万元……也就是说，随着我的目标不断加码，我的业绩也实现了逐月上升，而我的能力，也得到了不断提高。

事实上，这是一件很有趣的事情，别的条件都没变，仅仅是在制定目标的时候不断给自己加码，就实现了业绩的提升。那么，我究竟是怎么做到的呢?

☑首先，在不断给自己加压的过程中，我的心态已经发生了变化

不要小看心态的变化，很多时候，决定销售成败的，往往就是心态。

不断给自己加压，实际上也是在不断地进行抗压。在这个过程中，我的抗压能力得到了提升，我的内心变得更强大了，我变得更自信也更有激情了。于是，当我再去拜访客户的时候，我的心态好了，气场也强了，说出的话自然更令客户信服，我的成单率也就得到了提高。

许多普通销售员总是把销售压力当做是一种负担，并因此而沮丧。但我不会，在我看来，没有压力就没有动力，我更愿意挑战自己的极限，并且将挑战自己、完成目标的过程视为一种享受。正是因为这种好心态，成就了我的好业绩。

☑其次，在不断给自己加压的过程中，我的销售方式发生了变化

销售方式也是决定销售业绩很重要的一个方面。销售方式并不是一成不变的，而是由销售目标决定的。比如，你每天见多少客户，A 类客户多少，B 类客户多少，每个客户应该争取到多少的成交额等，这些都是由你每天通过分解得到的任务额去决定的。

这里就涉及很关键的一点：当别人制定了 30 万元的月度销售目标时，他们就会按每天 1 万元的销售目标去工作；而我制定了 60 万元的销售目标，我就会按照每天 2 万元的销售目标去工作。因为我的目标销售额比别人多，所有我每天要见的客户以及每个客户的成交额等也会比别人多，这样一来，我的销售业绩自然会比别人好。而且，由于我不断在给自己加压，我的销售目标不断在上提，所以我的销售方式也会不断进行调整，我的工作效率和销售额，也就得到了不断提高。

以上就是我想和大家分享的我自己的销售实战经验，事实上，我的做法很简单，那就是，**不止步于某个成绩，在制定销售目标的时候，不断给自己加压。**

要知道，在这个竞争激烈的时代，你原地踏步，就意味着退步。所以，当你始终将自己的目标定为 30 万元的时候，你实际上是允许了自己的原地踏步，那么你就只能永远做普通销售员。只有当你具备了给自己不断加压的勇气和魄力，你才会不甘于现有成绩，你才会不断提升自己的能力，不断进步，你的业绩才会得到相应的提

升，你才有可能成为 Top Sales。

目标分解：让目标变得具体而可行

生活中，相信大家都有过这样的经验，100 万元你觉得很多，可是将这 100 万元分成 10 份，每份变成了 10 万元，再将这 10 万元分成 10 份，每份变成了 1 万元，你就会觉得数额不是很大了。假如再将这 1 万元进一步细分成 20 份，每份变成 500 元，你是不是就觉得数额很小了？事实上，这就是目标分解的魅力。

许多普通销售员在制定销售目标的时候，总是不敢把目标定得太高，怕自己完不成。其实，那些在你看来数额太大、完成不了的目标，一旦分解到了每个月、每一天，就会变成一个很小的数字。

说到这里，我再和大家分享一些我在阿里巴巴做销售的故事。

在阿里巴巴的时候，我们每一年制定的销售目标都是要张贴上墙的。2003 年，我们一个区域大概有 20 个销售员，大家上报的销售目标大多是 50 万元、60 万或者 80 万元，最高的是 120 万元。然而，我却不走寻常路，报了一个在大家看来近乎疯狂的数字：588 万元。为什么报这么高的目标？因为当时业绩的天花板最高是 600 万元。

当时，几乎所有人都觉得这是一个完成不了的天文数字，连马云也认为我最多只能完成 365 万元。目标确定后，我做的第一件事就是对目标进行分解，将这个看似不可能的大目标，分解到了每一月、每一天，让它们变成了一个个实际可行的小目标，并且严格按照这些小目标，有条不紊地去推进工作。最终，我在那一年共完成了630万元的销售额，超额完成了任务。

事实上，在那一年，我工作得很轻松。一般情况下，我每周会有三天见客户，两天待在公司里，还有两天休息。这一切，都得益于我对目标进行了合理分解。

从我的故事中，不知道大家是否可以得到一些启发？其实，在销售的过程中，学会对销售目标进行分解是非常有必要的。下面，我将和大家具体来聊一聊销售目标究竟应该如何分解。

☑把全年的预期销售额细分到每一天

首先，当年度销售目标确定后，你可以根据实际情况列出实现这个目标所需要具备的必要条件、你目前已经具备的条件和资源，以及实现目标可能会遇到的困难。比如，实现这个目标，你需要多少客户做支撑，目前的客户量是多少，现阶段的客户具有哪些特征，客户的回头率是多少等。

在对这些内容做了精准的判断之后，你就可以根据自己的实际情况，将全年的预期销售额按照季、月、周、日的层级，逐级进行分解，最终细化到每一天。

需要注意的是，在分解目标时，一定要做到可量化，即分解到每季度、每月、每周、每天的销售额一定要明确，要有具体的数字进行量化。

目标分解完毕后，你就可以根据每天的目标销售额去推进工作了。比如，你今天有 5 万元的销售任务，那么你就要规划好，这 5 万元的销售额怎样去达成？是全部来自于某个 A 类客户，还是来自于某几个 B 类、C 类客户，或者新开发的客户？总之，当你对目标进行分解后，你的工作方向就会更明确。

☑充分考虑市场、策略和团队

在对目标进行分解的时候，除了要考虑拜访量和拜访质量，你还需要思考三个问题（见图 2-1）。

图 2-1　对目标进行分解时需要思考的三个问题

当你从这三个角度去思考问题的时候，你的目标分解才会更科学、更合理、更实际可行。

在阿里巴巴做销售时，我曾就销售目标的达成问题请教过阿里巴巴当年的首席运营官（COO）Savio。当时，Savio 给了我六字箴言：**市场、策略、团队**。2003 年，我 588 万元的销售目标就是围绕这六个字去进行分解的。为了让大家更好地理解这六个字，下面我结合自己的销售实例，做进一步的说明。

（1）市场在哪里？

在对目标进行分解前，你需要弄清楚你的客户在哪里？哪些地方是你的主战场，哪些地方是你的次要战场？你的时间和精力应该怎么去分配？

2003 年，我负责的主要市场是杭州市主城区和萧山区。在对销售目标进行分解时，我主要以这两个市场为导向，计划在这两个市场完成 50% 的业绩。而杭州周边的市场，比如富阳、桐庐、临安等，我的规划是预计完成 40% 的业绩。这样，剩下 10% 的业绩我就放到了外地市场。以这样的方式对目标进行分解后，我的市场布局就一目了然了。

（2）策略是什么？

顾名思义，销售策略就是为达成销售目标而采取的销售手段。在制定销售策略的时候，你一定要弄清楚怎样做可以让你事半功倍。

当年，我采取的销售策略主要有两点。

其一，会销。2002 年我参加了很多培训，关于会销的知识，正是来源于这些培训。所谓的会销，其实就是将潜在的客户集中邀请到公司总部，利用公司的资源来帮助我们跟客户进行交流，提高签单效率。

像这样的会销，我每月都会举办一次。因为前面我已经对自己的市场进行了划分，所以在举行会销的时候，我就会根据每个城市所占的市场份额，以及我对 A、B、C 各类客户的实际需求数，来邀请相应人数的客户。通过会销的方式，我的签单率得到了很大的提高。

其二，同一个客户绝不见第三次。当时，我规定自己对同一个客户最多只见两次。后来，我曾经做过一个统计，那一年，我见过三次以上的客户不超过 10%，见过两次的客户也不超过 25%。也就是说，65% 左右的客户我基本上都是一次性见、一次性 Close 的。Close 不下来，我就直接放弃掉。

当我这样要求自己的时候，实际上也是在逼自己对每一个要见的客户做充分的认知和了解，弄清楚这个客户是不是真正的 KP？是否有签单的意愿？是否有付款的能力？事实上，这也是我强大执行力的一种体现。目标任务一旦确定，就必须不折不扣执行，唯有如此，你才能提高自己的工作效率，不断鞭策自己向目标靠近。

（3）团队如何分工？

要想成为 Top Sales，就有必要向公司申请助理，组建销售团队，并且对销售团队进行明确分工。毕竟，比起一个人的单打独斗，团队的力量更强大。

当年，我的销售团队包括我只有三个人。我是这样进行分工的：我主要负责见客户和对助理进行辅导，两个助理主要负责开发新客户和售后服务。在这种合理的分工下，我们的工作效率得到了极大的提高。

以上就是我想和大家分享的关于目标分解的知识。总之，不要惧怕制定销售目标，很多时候，你之所以觉得自己距离目标遥远，是因为你没有认真去思考如何实现目标，更没有努力去做。

高效行动：成功达成目标的关键

如果我们将“销售目标”比喻成一艘远航的大船，而我们则是大船的舵手，那么“目标分解”就是我们手中的方向盘，“高效的执行力”就是船篙。靠船下篙，才能船行千里。

高效的执行力是达成销售目标的保障，目标分解得再细，如果执行不到位，也将没有意义。在实际的销售过程中，当我们制定了销售目标，并且按照年、月、周、日的层级对目标进行了具体的分解，明确了市场、销售策略以及团队分工后，接下来，我们就需要找到完成目标的关键点，而这个关键点就是高效行动。

那么，怎样才能拥有高效的执行力呢?

☑不断学习，提升自己的能力

要想让自己拥有高效的执行力，你首先要让自己拥有相应的销售能力。只有拥有了与销售目标相匹配的销售能力，才会有实现销售目标的底气和勇气。反之，如果能力不够，即便决心再大，也会心有余而力不足，做不到高效执行。

许多普通销售员总是习惯于将自己无法完成销售目标的原因归结为能力不行。事实上，能力不是一成不变的，而是可以通过学习得到不断提升的。在这个便捷的信息时代，我们学习的途径有很多种，看书、参加培训、向他人请教等，这些都是实际可行的学习方式，都能够帮助我们获取专业的销售知识。而这些知识，在我们执行销售任务的过程中，往往能起到画龙点睛的作用。

☑永葆激情，点燃心中那团火

当你拥有了与销售目标相匹配的销售能力后，在完成目标的过程中，你还需要不断问自己：我是真的准备好了吗？这里的“准备好了”，就代表着你已经点燃了心中那团可以燃烧激情、击碎懒惰的火。有了这团火，你就会不折不扣地遵守完成目标的决定，保持良好的工作状态，付出百分之百的执行力，你就会持之以恒地保持每天都做得比昨天更好。

作为一个需要与人打交道的工作，在做销售的时候，我们常常会遭遇别人的拒绝，甚至白眼。此时，如果我们的内心不够强大，如果我们没有一个良好的工作状态，如果我们心中没有那团火和那份做销售的激情，那么我们很可能会坚持不下来。

我是一个对销售充满激情的人。从某种程度而言，我的成功正是得益于我持续保持销售激情。在阿里巴巴做销售的时候，我经常会听陈安之关于销售的演讲，我觉得他的激情能感染到我，维持我心中那团熊熊燃烧的销售之火，让我始终保持良好的工作状态。有一段时间，我每天醒来的第一个动作就是去播放陈安之的演讲磁带，然后在无限的激情中去规划和执行一天的工作任务，并且无数次在心里告诉自己：Yes,I Can！

当我带着这样的激情去工作的时候，我的执行力就会变得很高效。而且，我的这种激情往往会感染到客户，让客户更愿意和我签单。

☑弄清自己的奋斗目标

每个人对于自己当前的奋斗目标都应该有清醒的认知。这个目标可以是超越某个同事，达到某个高度，成为 Top Sales，也可以是对家人的某种承诺。当你弄清楚了自己的奋斗目标后，你就会拥有一种强大的自驱力，你就会很明确地知道自己应该做什么、怎么做，从而彻底告别懒惰和执行力不足。

通常，我会建议大家将这个奋斗目标写出来，或者记在心上。当你发现自己开始变得懒惰、懈怠的时候，就将它翻出来看一看，对自己进行鞭策。

☑找一个可靠的人监督和激励自己

在达成销售目标的过程中，你还可以找一个可靠的人监督和激励自己，这个人可以是你的学习对象，也可以是你的家人或朋友。当你出现懈怠或者需要帮助的时候，他们将为你提供相应的支持，并督促你保持高效的执行力。

☑及时奖励自己或者奖励家人

例如，你可以对自己或者家人做一个承诺：这个月当我完成了销售目标后，我将会为自己或者家人安排一次度假、买一份保险等。一旦你顺利完成了销售目标，你就要及时兑现承诺。通过这份奖励，你可以不断激励自己、建立信心，这样你在下一阶段的工作中就会更积极、更主动。

☑学会训练自己

懒惰是人的天性。为了在后天纠正这种天性，让自己拥有高效的执行力，你需要制定一个训练自己的计划。

在训练自己的时候，一定要对自己狠一点。比如，因为懒惰，今天有效的客户预约没约好，那么就惩罚自己下班不能坐车，而是要走路回家。通过这种方式，对自己进行训练，促使自己改掉懒惰的陋习，提高自己的执行力。

许多普通销售员之所以无法成为 Top Sales，正是败在了执行力上。当你习惯了用高效的行动去促成销售目标的达成时，你离 Top Sales 就不远了。

没有完成目标，你该怎么做？

经常会有销售员问我：在销售的过程中，自己已经对目标进行了合理的分解，也弄清楚了自己每天的工作任务，可是为什么依然完不成销售目标呢？遇到这样的情况，又应该如何解决呢？

俗话说，失败是成功之母，销售失败对于销售员来说十分正常。面对销售失败，面对未完成的销售任务，我们除了要保持一颗平常心，减少失败对自己的影响外，还应该积极弄清楚导致失败的根本原因，更好地做到有的放矢，彻底解决问题。

下面我来介绍一种能够有效找到销售失败、销售目标未完成原因的**层层倒推法则**，希望能帮助到大家。

我们先来假设一种销售场景：在一周的时间里，你每天都会 Close 一个 A 类客户，推进两个 B 类、C 类客户并新开发 3 个有效客户，可是你却始终没有签单成功。

针对上面这种情况，你首先要做的就是对整个销售过程进行层层倒推，并认真反省，弄清楚问题究竟出现在哪一环。

第一步，你应该反省自己的 A、B、C 类客户是不是都属于精准客户。如果确认都是精准客户，那么你就需要对新开发的有效客户进行进一步审核，弄清楚你是否约到了关键 KP ？以及再见面的时候，你是否做好了准备？

如果你完成了这些步骤后，依然找不到失败的原因，那么接下来的第二步，你就要仔细想一想在销售谈判的最后 20 分钟里，究竟有没有进行 Close ？如果这件事情也做了，那么你就要回想一下，当你在和客户谈判的时候，是否就客户关心的问题与客户进行了互动？是否真正了解了客户的实际需求？是否向客户准确介绍了产品？在谈判的过程中，有没有出现失误或疏忽，有没有说错话？

这一步完成后，如果依然没有找到原因，那么你就需要进行第三步了：认真反思一下你对于客户的判断是否存在失误。具体来说，你需要弄清楚客户究竟是不是A类客户，有没有实际的需求，有没有付款能力，是不是KP等问题。

做完这一步后，如果还是无法找出原因，此时，你就需要反思一下在销售的过程中，你的状态是不是很棒，你有没有销售的激情了。我们都知道，做销售最重要的是把自己的激情传递给客户，让客户被我们的真诚、我们的激情、我们的敬业精神所感染，从而认同我们和我们的产品。假如在销售的过程中你的状态不对，那么你的失败也就理所当然了。

通过反思，如果你发现你的状态很好，也拥有激情和自信，思路也非常清晰，那么就只剩下了最后一种可能：你的能力有问题。在这种情况下，你应该具体分析一下，自己在销售时的逻辑是不是很清晰？自己对产品的卖点阐述是否到位？自己是否拥有与对方沟通交流的良好能力？

当然，如果确实是自己的能力不足，也不用沮丧和担心。在前文中我已经强调过，人的能力不是一成不变的，而是可以通过后天的学习不断提升的。因此，对你而言最重要的便是，通过各种有效途径去不断学习和提升你的能力。

总之，当我们按照这个法则去一步步倒推时，就一定能够准确找出导致销售目标无法完成的原因。不过，找出问题还只是解决问题最基础的一步，最重要的是你需要针对具体的原因做具体的分析，做到有的放矢，及时对问题进行补救和预防。

TOP

SALES

3

客户开发

如何开发精准客户，让业绩实现 10 倍增长？

很多销售员每天忙忙碌碌，但最后却没能开发出几个客户。造成这种结果，与销售员不知道什么是精准客户、不懂开发精准客户的技巧有关。如何开发精准客户，在很大程度上，决定着销售员今后的目标与方向。你的努力方向与目标的偏差越大，你获得的成功就越小。这正如一项“圈地运动”，如果你圈定的是一块贫瘠的土地，就永远不可能获得丰收。

什么是精准客户？

作为销售员，不知你有没有思考过这样一个问题：销售的第一步是什么？

当我在课堂上向我的学员提出这个问题时，有的学员回答说是与客户接触开单，有的学员回答说是修炼自己……翻看市场上的一些销售类书籍，大多会告诉你销售的第一步是让客户信任你或是你的自信……

那么，这么多答案，我们究竟应该相信谁呢？

在这里，我不想去评判孰是孰非，我只是想以自己近 8 年的销售经验和创造超额完成 630 万元业绩的事实，坚定而有力地告诉你：**销售的第一步是开发精准客户。**

开发精准客户是非常关键的一环，因为它处在整个销售体系的顶端。头没有做好，后面的只会越来越难做。很多销售员整天跑断腿却没有一单能够签下来，明明很努力却始终没有业绩，他们也想过许多办法，但就是收效甚微。这是怎么回事？其中很大一个原因就是，你的客户不够精准。

1 个精准客户能够带来的价值，远远大于 10 个，甚至 100 个陌拜客户的价值。我在阿里巴巴做销售的时候，一个月我只拜访了约 40 个客户，但我却能成功签单 7 个。而其他人一个月最多签下

1 ~ 2 单，有的甚至三个月签 1 单。这是为何？答案就在于我找到了自己的精准客户。

正所谓“**选择大于努力**”，如果你一开始就找到了精准的目标客户，那么你的业绩就会以十倍甚至百倍的速度增长。如果你一开始就找错了客户，不管你付出多大的努力，也不会有好的销售结果。

说到这里，很多人会问：“既然精准客户这么重要，那么到底什么是精准客户？”

精准客户必须符合以下三大特征。

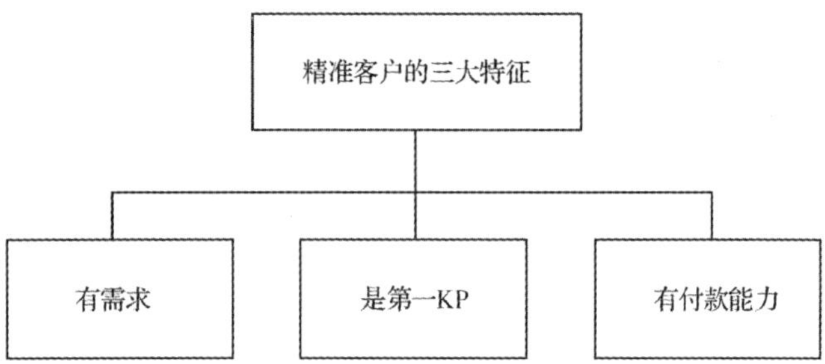

图 3-1　精准客户的三大特征

☑有需求

所谓有需求，就是客户想去了解和有意愿去使用产品。这是满足精准客户的第一个条件。

说到这一条件，经常有学员会质疑：“我没有见到客户之前，怎么知道他有需求呢？”所谓“知己知彼，百战不殆”，我们想向客户推销自己的产品或服务，除了要深知自己产品或服务的特色之外，更应该明了客户想要的是什么？因此，前期的调研工作很重要。

在筛选客户时，我们通常会采取电话沟通、查找网上资料或者直接在 CRM 系统里找到曾经有同事拜访过的客户。不管你通过哪一种方式去了解客户的需求，你都要把这件事情当做头等大事去做。你要明白，并非所有的客户都是你的意向或者潜在客户，只有当你的供给与他们的需求互相匹配时，你才有机会“收服”他们。

他为什么有需求？他哪里有需求？他是不是用了竞争同行的产品效果不好，才会出现需求？你可以直接给对方打电话，如果在与对方沟通的过程中了解到对方根本没有需求，那么你就没有必要再上门去拜访。

什么叫没有需求呢？没有需求就是客户说：“不好意思，我们已经有了。”这时，你通过其他方式也了解到对方确实没有需求，那么你就要果断放手。要知道，并不是天下所有的客户都是你的客户。

我经常会看见很多销售员在了解客户的需求时，明明已经知道对方没有需求，偏偏自信地说：我定要用什么方式让他有需求。这也并非不可能，但需要你的产品在他看来的确有极大的价值和高性价比。比如，同样的产品，他买别人的要花 100 万元，买你的只需 50 万元。

除此之外，当客户确实没有需求时，无论是多么能干的销售员，恐怕也不能将产品销售出去。就算产品被你推销出去，也可能是绝无仅有的一次，客户不会再次购买你的产品，甚至会对你以及你所销售的产品失去信心，产生反感。这时，货款恐怕也就难以收回了。因此，作为销售员，我们要站在客户的立场，设身处地考虑他们的需要，如果不是他们需要的产品，就不要再花精力去跟进了。

☑是第一 KP

满足精准客户的第二个条件是：你去拜访的这个客户是第一 KP。所谓第一 KP，就是指最终签单、同意购买你产品的那个人，也就是说有购买决策权的人。这个人可能是董事长，也可能是总经理。

在实际的销售过程中，我常常发现很多销售员把副总经理误认为是第一 KP。事实上，在很多公司里，即使是总经理也可能不是第一 KP。我曾经遇过一家企业，丈夫是公司的总经理，而实际上这家企业是他的妻子做主，也就是说他的妻子才是第一 KP。

我经常看见销售员苦口婆心地花了很多工夫对客户推销产品，到头来却发现他“不当家”，不是第一 KP，最后的结果肯定是以失败而告终。如果你的客户不是第一 KP，销售将很难成功。比如，一家公司的第一 KP 是妻子，此时若你以丈夫为精准客户展开销售，那么即使丈夫和你聊得很投缘，对你的产品很有兴趣，也不会产生任何销售价值，你只是在浪费时间。

只有第一 KP 才有购买决定权，才有希望购买你的产品。一个无决定权的客户，即使他很有需求，也很想购买你的产品，也不可能实现交易。因此，满足精准客户的第二个条件就是具有购买决策权的第一KP。关于如何判断是不是第一KP，我将在下一节里详细讲述。

☑有付款能力

可能每个人都会对私人飞机、豪华轿车和别墅有需求，但并不是每个人都能买得起私人飞机、豪华轿车和别墅。所以，满足精准客户的第三个条件就是有付款能力。

所谓付款能力，就是客户是否有预算、什么时间付款、能否接受你的价格、是否认同你的价值等。比如，当你向第一KP销售产品 时，如果你的产品是10万元，那么你就要了解他是否有10万元的预算；如果超出了他的预算，超出多少他能接受，等等。

了解客户的付款能力是很有必要的。一方面，客户的付款能力影响着产品销售的难易程度，决定着销售成果；另一方面，只有客户具备了付款能力，你才能在签单成交之后顺利收回货款。许多销售员都碰到过货款难以收回的情形，这就是因为他们一开始未能留意到这一点。

一般而言，可以通过公开的财务资料了解客户的付款能力，也可以通过直接询问、参观访问、同行评论、市场反映等得到相关信息，还可以从其他方面切入调查，例如，调查往来银行、税额、各种财务报表，或是请教往来客户，等等。不过，这个阶段的调查毕竟是初步性的，只要有基本的客户资料，能够知道客户大概的付款能力就行了。

需要注意的是，有的客户表面看起来没有付款能力，是因为他不认可你的价值。这时，你要设法让他认可你产品的价值，让他从没有需求变成有需求。这样的话，他就会优先把别的钱挪过来买你这款产品，从没有付款能力变成有付款能力了。

如果经过你的了解，客户完全没有付款能力，或者他的公司确实没有购买你产品的预算，那么他就不是你的精准客户，你也无须在他身上花费精力和时间了。

精准客户应该符合以上三大特征。在实际销售中，会碰到以下几种状况，这时可以根据 MAN 原则，采取相应的对策。

表 3–1 MAN 原则

付款能力	第一 KP	有需求
M（有）	A（有）	N（有）
m（无）	a（无）	n（无）

① M + A + N：精准客户，这是理想的销售对象。

② M + A + n：可以接触，配上熟练的销售技术，有成功的希望。

③ M + a + N：可以接触，并设法找到 A（第一 KP）。

④ m + A + N：可以接触，需调查其业务状况、信用条件等。

⑤ m + a + N：可以接触，普通 sales 把他当做 C 类客户，但我会直接放弃。

⑥ m + A + n：放弃。

⑦ M + a + n：可以接触，应长期观察、培养，使之具备另外两个条件。

⑧ m + a + n：非精准客户，停止接触。

记住，虽然有付款能力、有购买决定权、有需求的客户是我们的精准客户，可以让我们的业绩实现十倍甚至百倍的增长，但如果客户在欠缺某一条件（如付款能力或有需求）的情况下，我们仍然可以继续开发。但此时，我们需要在时间和精力上作一个调整，不要把全部精力和时间花费在非精准客户上。

开发精准客户技巧一：快速判断当前的人是不是 KP？

我们知道，精准客户必须满足三个条件：有需求、是第一 KP、有付款能力。而弄清楚当前的人是不是精准客户、是不是 KP、是第几 KP，也是我们开发客户的关键依据。在本节中，我将为大家详细讲解如何快速判断当前的人是不是 KP。

☑如何快速判断当前的人是不是 KP？

在实际销售的过程中，可能你接触到的只是公司主管，他们会对你的产品推介表现得非常感兴趣。当你以为有“戏”的时候，他们却表明自己不能做主，这时你就需要重新花时间与 KP 接触、沟通，这样一来，既费时间又降低了工作效率。这实际上就相当于将一个 B 类、C 类客户，错误地定义为了 A 类客户。

那么，我们如何快速判断自己所接洽到的人是否为 KP 呢？通常，你可以从自己与对方打交道的几个方面来进行判断。

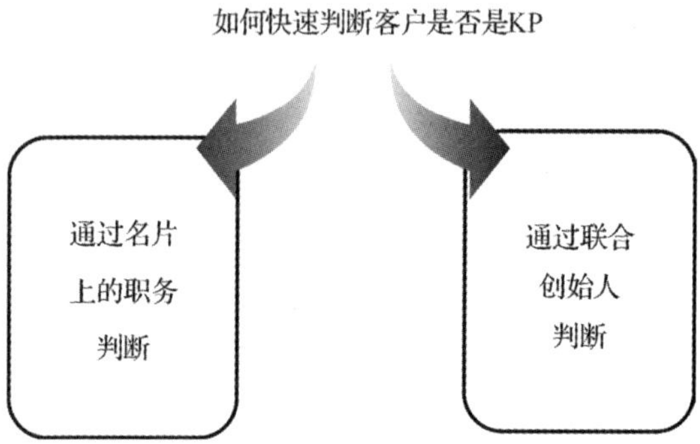

图 3-2 如何快速判断客户是否是 KP？

（1）通过名片上的职务判断

一般来说，我们与客户见面时，都会互相递名片，通过名片我们就可以判断对方是不是 KP。比如，我们可以查看对方名片上的职位，如果上面写着“副总经理”“总经理”“董事长”之类的职位，那么这个人就是 KP。

虽然以上职位的人大多是 KP，但你还需要了解对方是第一 KP 还是第二或第三 KP，这也是很重要的一环。

（2）通过联合创始人判断

如今，很多创业公司都会有联合创始人，有的公司甚至有 3 ~ 4

个联合创始人，这时我们可以通过联合创始人去了解他是否为第一 KP。

比如，对方的名片上面写着“联合创始人”，但他实际上不是 CEO。那么，我们可以这样和他沟通：“这件事我们要定下来的话，公司要走什么样的流程？”

这时，如果对方说：“这件事要定下来，公司还要开一个评审会。”听到这里，你就会明白，他是 KP，但不是唯一的 KP。你要成功地把东西销售出去，拿到订单，必须得到公司里所有 KP，或是大部分 KP 的认可。

也就是说，从中我们可以知道他不是最大的股东，而是股东之一，最终的购买决策还要经过 CEO 批准。这时，你还需要跟他确认他的签字权，比如你的客单价是 5 万～ 10 万元，那么他是否拥有 5 万～ 10 万元的批准购买的权力。

需要注意的是，作为销售员，在判断 KP 这个关键点上，不仅仅要判断对方是不是 KP，还要判断在销售的过程中，会有哪些因素阻碍你的最终成交，即你的成交概率有多少。

比如，当你了解了对方是不是第一 KP 后，还需要进一步了解对方会不会引进竞争对手，也就是说，对方的朋友是否在和你卖同样的产品。如果是，那么你成功的概率可能就会减小。

☑哪些 KP 涉及签字付款流程？

当以上内容都了解清楚后，接下来，你还要了解签字付款的审批流程。比如，你的产品是人力资源管理软件，那么你的审批流程里就会涉及 CPO（首席流程官）；如果你的产品是销售管理软件，那么你的审批流程里会涉及 SVP（超级副总裁）；如果你的产品是财务管理软件，那么你的审批流程里会涉及财务主管或经理；如果你的产品有关“企业文化”，那么你的审批流程里会涉及公司的 HR。这个过程对于你进行客户分类也是至关重要的。

通常，以上这些内容都是需要销售员花时间去了解的，你了解得越细致，你对客户的划分就越准确，你销售成功的概率就会越大；你了解得越肤浅，你对客户划分的失误率就越高，你失败的概率就会越大。

想成为 Top Sales，我们一定要想办法提高工作效率、成交概率和业绩。迅速找准 KP，可以帮助我们准确地进行客户划分，并且通过客户分类快速推动客户，实现最快签约。

开发精准客户技巧二：
从竞争对手手里“抢”客户

在我们的销售过程中，相信大家都曾遇到过这样的情况：你开发了一个新客户，已经到了签单阶段，这时突然杀出个“程咬金”（竞争对手），不费吹灰之力地把你的客户抢走了，剩下你一个人独自在风中凌乱。

那么，既然竞争对手能从我们手里“抢”客户，我们为何不能从他们手里“抢”客户呢？其实，从竞争对手手里“抢”客户是开发精准客户最好的技巧之一。为何如此说呢？

试想一下，如果你是一名 Saas 软件的销售员，你认为你的 Saas 软件的功能比竞争对手要好，你就应该带着这份自信去找竞争对手签约的客户，把他“抢”过来。相对陌拜客户来说，竞争对手的客户是成熟的客户，并且已经在使用其他 Saas 软件了，而在使用的过程中，对方可能有不满意的地方，那么这就是你的机会。

同样的道理，一个在百度上投放广告的客户，他就有可能在其他平台上投放广告；一个在其他地方参加培训的客户，他就有可能到你的公司参加培训。

作为销售员，我们一定要明白这个开发精准客户的技巧：竞争对手的客户是精准客户，是最容易变成你的客户的客户。

那么，如果我们心仪的客户已经有了固定的供应商，我们该如何从“路人”到“备胎”，步步为营，最终搞定“原配”（竞争对手），成功“上位”呢？

下面，我通过两个真实的案例，来分享一下从竞争对手手里“抢”客户的技巧。

☑根据客户与竞争对手合作的效果来“抢”客户

在阿里巴巴做销售的时候，我有一个客户是浙江杭州一家大型进出口集团，像这样的公司，他们是从来不会缺订单的。我找到他们的时候，他们刚好与我们的竞争对手签了一笔 50 万元的大单。为了把这个客户抢过来，我特意找了我的上司和我一起去说服对方，结果却不尽人意——被拒绝了。

回到公司后，我很不服气，心想这么好的公司，竟然被竞争对手拿走了，我一定要想办法从竞争对手那里“抢”过来。于是，我做出了以下三大努力。

首先，了解竞争对手的同行。我通过浏览竞争对手的网站，发现他们只有一个同行，这就意味着对方的供应商和买家很少。对比我们公司的网站，我发现我们有很多供应商，这便是我们的优势所在。

其次，搜罗更多有利信息。知道我们的优势之后，我开始搜罗更多有利信息。比如，我们这个行业在全球是怎样推广的？我们每年会参加哪些展会？我们的买家分布在哪些国家……并把这些利好的信息做成资料。

然后，联系客户。我拿着这些资料开始联系客户，在电话里，我通过数据向其证明了自己公司比竞争对手更有优势，并要求和第一 KP 沟通，阻拦客户付款给竞争对手。在我的销售话术下，我成功地取得了再次见面的机会，并最终赢得了客户。

以上就是我从竞争对手手里“抢”客户的真实案例。通过我的案例，至少可以总结出以下三种从竞争对手手里“抢”客户的方法。

（1）竞争对手与客户合作满意，如何“抢”？

当客户跟你的竞争对手合作起来效果很好时，你首先应该分析一下客户的状态。如果客户非常认可竞争对手产品的价值或服务，那么你就应该努力去提升自身产品的价值和服务，同时开拓新的渠道，提炼新的价值。

（2）当竞争对手与客户合作一般，如何“抢”？

当客户跟你的竞争对手合作起来效果一般时，就说明客户还有疑虑，这个疑虑很可能是竞争对手的产品或服务让他有一些不好的体验。这时，你需要做的就是向客户阐明你和竞争对手不一样的价值或不一样的地方。在突出价值的时候，你需要拿出具体的案例和数据去更好地说明问题，以打消客户的疑虑。

（3）当竞争对手与客户合作不满意，如何“抢”？

当客户跟你的竞争对手合作起来效果不满意时，你需要做的就是去调查一下，客户到底对你的竞争对手有哪些不满意，不满意的地方具体在哪里。只有当你了解了客户对竞争对手的产品或者价值不满意的具体原因后，你才能对症下药，然后再向客户强调你的产品或服务的价值。

以上就是三种不同情况下“抢”竞争对手客户的不同方法，需要提醒大家的是，千万不要把同一个方法用在不同的客户身上，应该具体情况具体分析。

☑根据客户的具体情况设置销售话术

一天，一个销售员沮丧地告诉我，他的一个重要客户被竞争对手抢走了，并且已经签完合同，第二天就要付款了。为何他会如此在乎这个客户呢？因为这个客户占据了他一个月三分之一的业绩，如果他失去了这个客户，就意味着他当月的业绩无法完成。

看到他一脸颓废的样子，我决定帮帮他。于是我对他说："没关系，我明天去拜访他，你把具体的情况告诉我。"

通过他的叙述，我了解到这个客户的产品很好，今年想提高3000万元的营业额。了解到这些详细情况后，我的心里有了底，开始在脑海里计划如何把这个客户抢回来。思索再三后，我对这个销售员说："你把同行业做的成功案例梳理出来，明天我们一起去拜访他。"

第二天早上9点，我和这个销售员拜访了客户。当客户见到我们的时候，他非常不屑，一副爱谈不谈的样子。见此情景，我运用了以下销售话术。

我："王总，我听Hurry说，您的这个产品不错，他也跟了很久，所以我们过来想拜访您一下，看看我们有什么能帮上忙的，或者给您一些建议？"

客户："那你们随便说吧，我给你们五分钟的时间。"

我："我想了解一下你们今年的外贸目标是多少？"

客户："今年我们要做3000万元的新增业绩。"

我："那您准备好了能达成3000万元新增业绩的外贸团队吗？"

客户："我们从零开始，我们准备招几个外贸人员开始做这件事情。"（客户在说这句话时，愣了一下）

我："据我所知，如果今年我们要达成3000万元的目标的话，我们至少需要一支能达成目标的团队。那您有没有想过如何去搭建这个团队，如何培训，如何培养，需要多长时间才能把他们培养成有拿到3000万元订单能力的团队？"

客户："我还没想过，那我们应该怎么办呢？"（客户在说这句话时语气由原来的颐指气使变得温和起来，原因就在于我戳到了他最核心的痛点——没有要完成目标的团队。）

我："你们跟对方签协议，对方没有给你们这个方面的帮助和建议吗？这也太不负责任了吧，你们想做3000万元？如何达成？团队如何建设？团队如何训练？有了询盘，如何应对？询盘的转化率从1%到10%，如何跟进？"

客户："那你们有什么好办法吗？"

我："这就是我们今天来的目的。我们估计你们可能会在这个方面有一些困惑，我们过来也是要跟你们一起探讨一下，该如何去达成这个目标。"

客户："那你能不能教教我们如何做？"（客户的语气变得充满渴望。）

我："我们不是来教你们的，我们只是来一起探讨一下。我们这边是这样做的……如果你们与我们合作，我们会教你招什么样的外贸人员，要招几个，教你如何从零开始，把团队培养起来。你还需要一个有能力的外贸经理，这样他可以带3～5个外贸人员，这样你今年做3000万元，明年可能会做到6000万元……第一，招聘

我们是如何做的……第二，训练如何做……第三……”（我把详细的做法全部讲给客户）

客户：“嗯嗯，你说得太对了。”（客户开始认可我，让助理给我泡了茶）

我：“如果你认可阿里巴巴，认可我们，我们有一个培养标杆计划，我们会有一些相应的资源赠送，我们可以把展会手册上的广告位送给您，这个广告位是买不到的，但我们是免费赠送给你的……关于外贸人才呢，我让 Hurry 帮你推荐人才……”

客户：“你说的对，那我们应该怎么办呢？”

我：“Hurry，赶紧把合同签一下。”

到此为止，我们成功地拿下了这个本来已经被竞争对手抢走的客户，前后花了约 45 个小时。

通过这个案例，我想跟大家分享一下抢竞争对手客户的另外三大技巧。

（1）从销售的角度去看待问题

首先，销售员（Hurry）是很优秀的，对客户的跟进做得非常好。他能及时地知道这个客户已经被竞争对手抢走了，签了合同但还没有付款。一旦付款了，我们即使做再多的努力，也将是无用功。

（2）从管理者的角度去看待问题

当销售员把信息反馈到我们这里，作为管理者的我们要及时地帮助他们。那怕只有 1% 的机会，我们也要争取一下。

（3）抓住客户的痛点设置销售话术

在见客户之前，我们要有一套解决方案。不能盲目地去见客户，我们要有一套销售话术去应对。比如，当我了解到客户要提高 3000 万元的业绩，而竞争对手在服务、培养团队方面可能要逊色一些，这是我们最大的价值，所以我就设置了这样的话术，引导对方认可我们的价值。

为何我的销售话术会如此有用呢？这是因为，我把握住了客户要实现 3000 万元新增业绩目标却没有团队的痛点，而我们正好有能力可以帮助客户做到这一点。

行文至此，关于如何开发精准客户之从竞争对手手里“抢”客户的技巧，我已经全部告诉大家了。只要你善于学习，并勤于实践，那么我相信你一定能从竞争对手手里“抢”走客户，成为 Top Sales。

开发精准客户技巧三：客户转介绍

销售员开发精准客户，有一种巧妙而有效的方法，那就是客户转介绍。所谓客户转介绍，就是请你的客户或在行业中有影响力的人帮你介绍客户。客户转介绍是 Top Sales 开发精准客户最主要的方法之一。

通过转介绍，不但可以减少初次拜访的陌生感，同时又有介绍者的认可，更具说服力，较容易赢得精准客户的认可，促成签单。

比如，你今天拜访了一个客户，他可能没有签单，但通过和你的沟通，他对你以及你的产品都非常认可。这时，你可以使用这样的销售话术让对方帮你介绍客户：

感谢您信任我公司的产品。像您这样的成功人士，周围一定有不少的朋友，也需要我们的产品，如果有，请您帮我做下引荐。您放心，如果他不愿意买，我一定不会勉强的，您看怎么样?

出于对你以及你产品的认可，对方有80%的概率会把对产品有需求的朋友介绍给你，而这些客户就是你的精准客户。

客户转介绍是一种非常实用的开发精准客户的方法。在实际的销售过程中，我常常会运用到它。

我在阿里巴巴做销售的时候，因为当时做的是外贸，所以我们要开发的准精客户就是想做外贸或已经在做外贸的客户。当时，很多人的做法是去一层一层地“扫楼”，但是我没有这样做。在我看来，一层一层地敲门，不仅浪费时间，还有80%的可能会被拒之门外。

我的做法是，直接找到负责工业企业相关工作的副镇长，对他说：“我代表阿里巴巴，我来是想帮助你们镇里想做出口的新兴企业，帮助你们把真正的外贸渠道和推广建立起来。请您帮忙看一下，您镇里有哪些您熟悉的企业正好想做外贸或者已经在做外贸，能不能给我推荐几家。我去拜访一下，看看他们是否有这样的意愿？”

听到我这样说后，副镇长非常开心。他当即拿出纸和笔，前后花了 10 分钟左右时间，把做外贸企业老板的名字、电话号码、年龄等情况向我详细地作了介绍。通过副镇长的介绍，我就可以从中分析企业是否有付款能力，以确认对方是不是我的精准客户。

你瞧，我就这样用了 10 分钟便拿到了我的精准客户，而这 10 分钟的时间,可能比很多人用半年的时间“扫楼”或“扫街”更有效果。

说到这里，很多销售员或许会想：“在实际销售中，我们要如何找到像副镇长这样的‘大人物’帮我们做介绍呢？”

很简单，拿出你的勇气，不要怕。在现实中，我经常看到很多销售员不好意思开口请已有客户为自己介绍客户，其中的原因可能是怕丢面子，可能是怕开口后遭受拒绝，也可能是担心这个动作会给客户带来麻烦，等等。总之，表现在实际中，就是对已有的客户绝口不提转介绍的事情。

事实上，销售就是一份需要勇气的事业。如果你想找像副镇长这样的“大人物”帮你介绍精准客户，就直接到该镇的办公厅里，查看一下谁是负责工业的，然后直接去拜访。你要在心里告诉自己，“我是过来帮助企业去拓展外贸的”。你的这份自信和热情会感染到所有人，自然也会有人愿意帮助你。

当我拿到副镇长帮我介绍的客户名单后，我就坐在树荫下打电话，对我的精准客户说：“王总，我是阿里巴巴的销售员贺学友，我过来拜访 X 镇长，想帮助本地一些想做外贸的企业拓展市场，X 镇长把您推荐给了我。您看一下您什么时候方便，我来拜访一下您。”

对方说：“好好，那我们约在明天下午。”

为什么对方会说“好”呢？因为我是 X 镇长介绍的人。

到此，我不仅拿到了精准客户的名单，还成功邀约到了第一 KP。最后的结果是，X 镇长给我介绍的 5 家客户中，在一个月内成交了 4 家。

通过我的真实案例，我们可以学到以下两点。

首先，客户转介绍的客户大多是精准客户。因为客户和对方很熟悉，了解他的需求，所以，客户转介绍的客户符合精准客户的三大标准：有需求、是第一 KP、有付款能力。

其次，我们在让客户帮忙转介绍的时候，不要贪心。不要一开始就让客户给你推荐 10 家，这样容易引起人的反感心理。正常的情况下，我们让客户推荐 3 ~ 5 家最为合适。

说到这里，很多销售员会问：“我们应该如何打动转介绍人，让他帮我们介绍客户呢？”

事实上，要想打动转介绍人，有两个优先级。

图 3-3　打动转介绍人的两个优先级

（1）第一优先级：用价值去打动对方

首先，我们要了解这个转介绍人是否在该领域或行业，也就是说在我们的潜在客户群里有一定的影响力。只有在有影响力的前提下，他所介绍的客户才是精准客户。在与这样的介绍人交流的时候，我们需要传递给他的信息是让他知道，我们可以给他提供价值上的帮助，也就是用价值去打动对方，这是第一优先级。

那么，我们要用什么样的“价值”去打动转介绍人呢？简单来说，就是要用你所销售的产品或服务对转介绍人的朋友所具有的极大帮助和提升作用。

（2）第二优先级：适当地给对方一些相应的介绍费

为了让转介绍人有一定的动力，在他做这件事对他的朋友有极大帮助的前提下，你可以适当地给他一些介绍费。需要注意的是，这一点需要在第一优先级成立的情况下才能使用，要不然他是不会做的。因为在领域或行业有一定影响力的人，他的社会地位往往都是较高的，他并不缺这点介绍费，而是基于这件事对他的朋友有价值，他才愿意去介绍。

通过转介绍只是获得了精准客户的信息，接下来你还需要根据自己掌握的资料，认真对精准客户进行筛选，选择可能性最高和购买实力最强的精准客户，锁定主攻对象。锁定精准客户后，就可以选择恰当的拜访时间、拜访方式、拜访话题，精心为精准客户设计购买计划。如此双管齐下，作用更为明显，往往会事半功倍。

开发精准客户技巧四：
同渠道推荐客户和行业前 20 名的客户

要开发精准客户，除了以上三大技巧之外，还有以下技巧值得参考。

☑同渠道推荐客户

所谓的同渠道推荐客户，就是与同渠道的、和目标客户打过交道的其他公司合作，通过他们去寻找精准客户。

比如，你的客户群体是企业人力资源部门的副总裁或经理，那么你就可以找之前与人力资源部门这几个岗位有过业务往来的那些公司或公司里的业务人员，与他们达成合作。既然大家的目标客户都是一样的，那为什么不携手同行、资源共享、合作共赢呢?

通常，你所合作的那些公司或业务员因为已经与你的目标客户打过交道，所以对于目标客户的情况，比如他们有什么需求、他们现在是什么情况等，都是非常清楚的。这种同渠道推荐客户的方式，也是最容易快速获得精准客户的一个重要途径。

需要注意的是，当你在选择合作方式的时候，应该视情况而定，既可以选择与同渠道的公司合作，也可以选择与公司里具体的业务员合作。

☑行业前 20 名的客户

在某一行业排名位于前 20 名的企业，也可以成为我们最好的精准客户。首先，这些企业非常好找，在网上一搜索相关行业的企业排名就可以得到；其次，这些前 20 名企业的购买力和付款能力是毋庸置疑的。在确定这些企业是否是我们的精准目标的过程中，我们只需要做两件事：第一，弄清楚它们对我们的产品有没有需求；第二，找到这些企业的第一 KP。

在确定了这 20 家企业中有哪些企业是你的精准客户后，你就可以采取行动了。若这些企业中的某些企业恰好还不是你竞争对手的客户，那么你的机会就来了。你首先要做的，就是抓住机会，一举拿下这些客户。

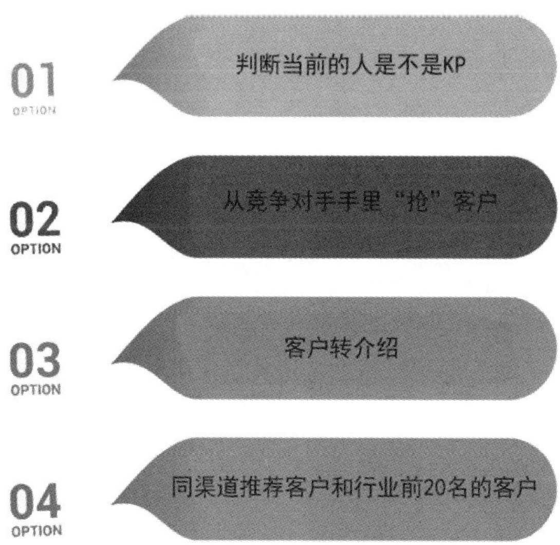

图 3-4　开发精准客户的四大技巧

以上就是寻找精准客户的四大实用技巧，希望能够对大家有所启发。当然，有些人可能会说，我就喜欢陌拜，我就是愿意接受1/66的成功概率，我就是愿意每天跑客户累得要死，即便三个月都签不了一单我也不介意，那么我想，即便是上帝也救不了你。

总之，记住一句话：**只有开发精准客户，你的销售才能做到事半功倍。**

TOP
SALES

4

操刀 SK

如何制作顶级的 Sales Kits?

SK即Sales Kits，也称“销售工具”。作为一种重要的销售工具，Sales Kits是客户获取公司信息和产品信息的重要途径，体现的是销售员的销售思路。如果将销售比喻成一场没有硝烟的战争，那么Sales Kits就是销售员的战斗武器。一份好的Sales Kits，能够让销售员如虎添翼，更好地取得销售这场战争的胜利。

什么是 Sales Kits？

当销售员找到了精准客户后，就要开始着手准备销售工具了。在阿里巴巴，我们将销售工具称为“Sales Kits”。

销售工具在销售的过程中十分关键，它能让你在和客户谈判时更加应对自如。比如，当你去跟客户沟通产品和服务时，在沟通的过程中，客户难免会提出很多问题。这时，你就可以拿出 Sales Kits，翻到针对客户问题的那一页，演示给客户看。

然而，在实际的销售中，我接触到的很多销售员并没有 Sales Kits 的概念。当他们去拜访客户时，往往只带着一张嘴和简单的公司资料。这样的销售方式，注定无法取得满意的销售结果，在谈判的过程中也会遇到各种各样的问题。

可以说，Sales Kits 对于销售成败至关重要。那么，究竟什么是 Sales Kits？ Sales Kits 由哪些内容构成？ Sales Kits 的设计原则又有哪些呢？下面，我将为大家做一详细介绍。

☑ Sales Kits 的构成

一般来说，一份完整的 Sales Kits 应该包含以下四个方面的内容。

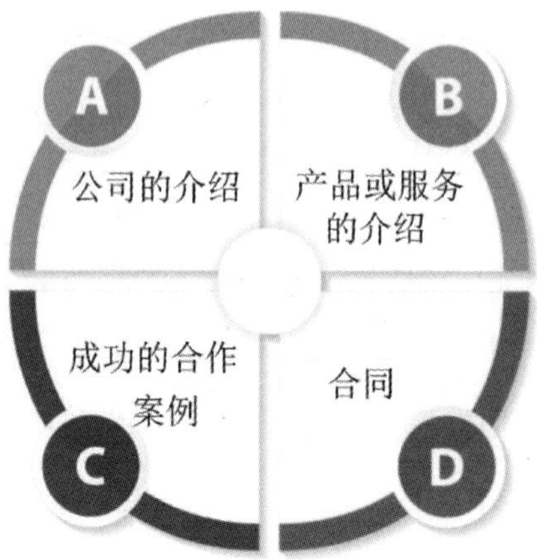

图 4-1　完整的 Sales Kits 应该包含的四个内容

（1）公司介绍

这部分内容又包括公司概况、公司发展状况、公司文化、公司综合实力、公司在行业中的位置等。公司介绍要做到尽量简短、一目了然，让客户在短时间内准确了解公司概况。

（2）产品或服务介绍

例如，公司的产品或服务的类别、特色、竞争力等。在介绍产品或服务时，一定要突出优势。

（3）成功合作案例

合作案例又可以分为全国范围内的合作案例、本地的合作案例、竞争对手的案例等几大类别。在介绍成功合作案例时，要尽量列举知名品牌的合作案例，并做到图文并茂。

（4）合同

拜访客户的目的是为了签约，所以要准备好合同，在适当的时候提出签约。

需要注意的是，Sales Kits 体现的是销售员的销售思路，一份顶级的 Sales Kits 究竟应该包含哪些内容，并没有统一的标准答案，而应该根据实际的需要去制作。

此外，除了必要的 Sales Kits 外，在拜访客户的过程中，我们还需要准备一些销售辅助工具。比如，你的 Sales Kits 采取的是 PPT 展示的形式，那么在去拜见客户之前，你就需要准备一台电脑，并且确定你的电脑已经充满电；如果在谈完之后你准备给客户留下一份资料，那么，这份资料也是你需要精心准备好的；在销售的过程中，很多客户谈到中途会离开，此时，如果你需要给对方留下一张便签条，那么必要的便签纸就必不可少。

为什么要使用 Sales Kits？

Sales Kits 是销售过程中的灵魂，体现的是销售员的销售思路。在拜访客户的过程中，客户除了要听销售员介绍，还需要从 Sales Kits 中获取信息。一份顶级的 Sales Kits，可以为销售增光添色，让客户更好地了解企业、了解产品、了解销售员，并且给其留下良好的印象。

具体来说，Sales Kits 的重要性主要体现在以下几个方面。

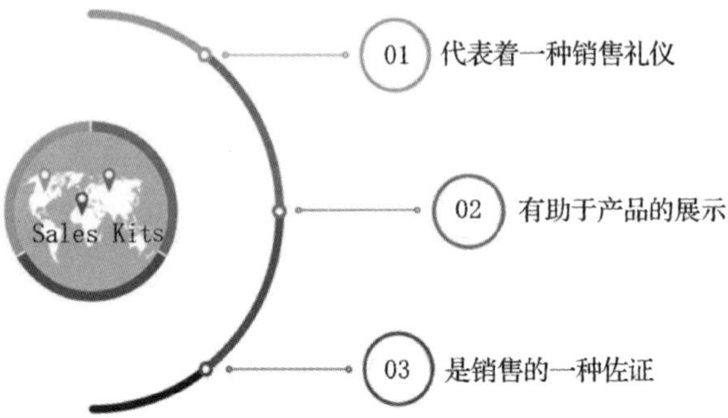

图 4-2　Sales Kits 的重要性

☑ Sales Kits 代表着一种销售礼仪

我见过许多销售员在去拜访客户的时候，什么资料都不带，就带着一张嘴。对于这种做法，我个人是非常不赞成的。一方面，中国人向来以礼仪著称，当你去拜访客户的时候，如果空手而去，就会显得不合礼仪，不尊重客户。

另一方面，如今的销售已经不同以往，当你走出去的时候，你所代表的是公司的形象，你还承担着整个公司的 Marketing（市场营销）职责。因此，在拜访客户时，一份代表尊重的 Sales Kits 就显得至关重要。

☑ Sales Kits 有助于产品的展示

生活中，大家应该都有过这样的经验：看电影时，如果只听声音不看画面，那么在脑海中就无法对整部电影形成具体的印象；只有既看画面又听声音，整部电影的形象才会生动。同样的，当你在和客户沟通时，光说是不够的，还要有视觉上的刺激。只有当声音配上画面，才能产生最完美的沟通效果。

尽管从物理学的角度来说，视觉体系和语言体系分属于两个不同的独立体系，但只有将它们结合起来使用，才能达到 1+1>2 的效果。也就是说，当我们在用语言向客户介绍公司或推销产品的时候，如果能让客户看到具体的画面，那么所达到的销售效果，就会比客户只听不看或者只看不听的效果好得多。

当然，大多数时候，销售员并不会随身携带自己的产品，尤其是那些卖虚拟产品或大件产品的销售员，此时，我们就需要借助 Salcs Kits，向客户展示公司或产品。

比如，你是一个家电销售人员，当你在拜访客户的时候，你定不会随身携带家电产品，你可以通过 Sales Kits，向客户展示你的产品，给客户更直观的感受。

☑ Sales Kits 是销售的一种佐证

我们在和客户进行销售谈判中，当谈到了某个比较关键、比较严肃、比较敏感的话题，或者为了谨慎起见，就需要用一些数字或资料去对我们的话语进行佐证，给客户更好的参考。这时，Sales Kits 就成了当仁不让的最佳选择。

很多时候，你把自己的产品吹得天花乱坠，可是客户却无法感同身受。同样的情景，如果你能借助 Sales Kits，做到有图有真相，让客户通过画面直观感受到产品的优势和客户的好评，所产生的效果一定比你一个人滔滔不绝地说要好得多。

除此之外，Sales Kits 还能让客户按照我们的意愿去进行思考。比如，当你第一次去 Close 客户时，如果谈不下来，你就可以给客户留一份资料。因为你前面已经做好了铺垫，客户如果对你的产品感兴趣，他就有可能会根据你留下的资料去百度和查阅更多的相关信息。这样，你就会在不知不觉中引导客户的思考方向。

从以上三点可以看出，Sales Kits 其实是一种非常重要的销售工具。用好了 Sales Kits，我们的销售就能事半功倍。

然而，在实际的销售过程中，我发现许多销售员其实是不会使用 Sales Kits 的。比如，有的销售员在讲到了某个话题、需要快速将 Sales Kits 翻到对应的那一页时，总是半天翻不到；有的销售员在销售的过程中，眼睛始终无法离开 Sales Kits。这些不当的操作，都说明了这些销售员对 Sales Kits 的不熟悉，不仅对销售没有任何帮助，反而还会适得其反，让客户感觉销售员不够专业。

其实，Sales Kits 的使用是有一定技巧的。简而言之，就是要做到在眼睛盯着客户的眼睛看，而不是盯着 Sales Kits 的情况下，你的嘴巴说到哪，Sales Kits 就翻到哪。

比如，当你说到你的公司在哪一年获得了谁的投资时，你的手就要迅速动起来，将 Sales Kits 准确翻阅到与之对应的那一页，而你的眼睛则应该始终平视对方，观察客户的反应和变化，为你接下来的分析和判断提供更多依据。

当然，要做到这一点没有别的诀窍，唯一的途径就是勤学苦练。正所谓熟能生巧，当你练的次数多了，你就能将 Sales Kits 运用得炉火纯青，让它产生最大效应。过去在阿里巴巴，我的 Sales kits 几乎每周、每月都会迭代一次，所以我的 Sales kits 是大家学习模仿的对象。

设计顶级 Sales Kits 的三个原则

虽然 Sales Kits 所包含的具体内容并没有特别的限定，但这并不意味着我们可以随心所欲地制作和设计 Sales Kits。通常，在设计 Sales Kits 时，应该遵循以下三个原则。

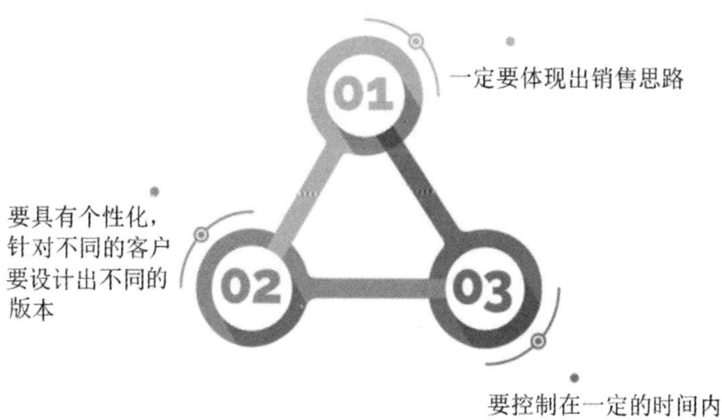

图 4-3 设计 Sales Kits 应遵循的三个原则

☑一定要体现出销售思路

当你去拜访客户的时候，你的心里一定会有一个大致的拜访框架和核心的销售思路。一份顶级的 Sales Kits 一定是可以和你的销售思路融为一体的，它可以在拜访的现场将你的想法和观念直观传递给客户。

所以，在设计 Sales Kits 时，一定要按照你的销售思路去填充内容。比如，你的销售思路的第一步是讲公司的实力，那么你的 Sales Kits 的第一部分内容就应该是能够证明公司实力的文字、图片或数据；如果你的销售思路的第二步是抛产品，那么你的 Sales Kits 的第二部分内容就应该是产品介绍。

总之，你制作出来的 Sales Kits 一定要能体现出你的销售思路。

☑要具有个性化，针对不同的客户设计不同的版本

很多销售员在制作 Sales Kits 时总是习惯于套用公司提供的宣传文档，这样设计出来的 Sales Kits 最多只能叫业务资料，是毫无吸引力的。Sales Kits 反映的是你的销售思路，所以在制作时，一定要体现出你的风格和个性，避免千篇一律。

此外，你在设计 Sales Kits 时，还要充分考虑到客户的性格、需求和关注点，弄清楚客户是孔雀风格、猫头鹰风格，还是无尾熊风格、老虎风格（详细介绍见第五章第二节），然后再根据客户的不同情况，设计出更适合他们的“定制”版本，让 Sales Kits 产生最大效用。

☑要控制在一定的时间内

在设计 Sales Kits 时，你还要弄清楚你准备花费多长时间对 Sales Kits 进行介绍，并且在制作 Sales Kits 时，根据这个设定的时间去填充相应的内容。

上文介绍了 Sales Kits 的构成内容和设计原则，希望大家能够学以致用。

记住，Sales Kits 是销售员的秘密武器，在销售的过程中用好了 Sales Kits，你的 Top Sales 晋级之路就会更顺畅。

如何制作一份完美的 Sales Kits？

在前面的内容中，我们已经学习了一份完整的 Sales Kits 的构成、设计原则、重要性及使用方法。那么，Sales Kits 的表现形式究竟有哪些呢?

随着科技地不断更新换代，Sales Kits 的表现形式已经不再拘泥于纸质的销售画册，而呈现出了多元化的态势，比如 PPT、word 文档以及近年来逐渐流行的 H5、Flash 等。当然，大多数销售员最熟悉、最喜欢使用的还是 PPT 模式。所以，接下来我将和大家具体聊一聊一份完美的销售 PPT 的制作方法。

许多销售员在制作销售 PPT 的时候总是会伤透脑筋。其实大可不必，只要掌握了一定的方法和技巧，按照一定的思路，制作出令人满意的 PPT 并不难。

☑七个步骤，让你的 Sales Kits 一目了然

制作销售 PPT 是有一定方法的，总结起来，主要有以下七个步骤。

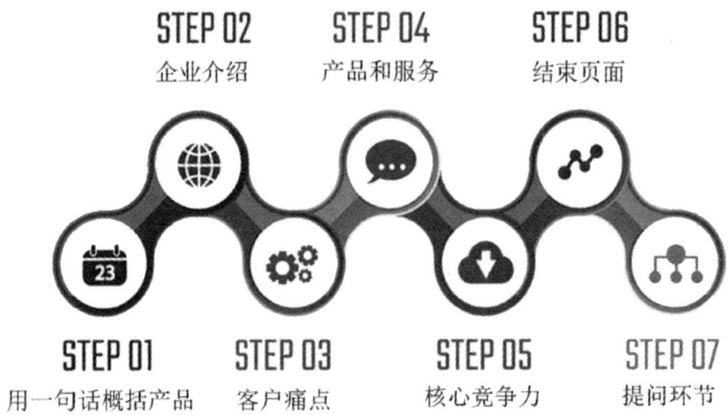

图 4-4 制作销售 PPT 的七个步骤

（1）用一句话概括产品

顾名思义，用一句话概括产品就是用最简短的话语介绍你所要推销的产品。

（2）企业介绍

在企业介绍中，你需要通过 PPT 告诉客户你的企业是做什么的，在行业内有什么优势，取得了什么样的成就，目前的现状以及未来的发展趋势如何，等等。

（3）客户痛点

首先，你要点明客户的痛点，并对这个痛点的真实性进行阐述；其次，你要说明你的产品能为客户带来哪些好处，并且至少提出两个激励客户产生购买欲望的因素。

（4）产品与服务

你需要通过 PPT 阐明三点内容：第一，业务逻辑，主要包括合作流程、售后服务等；第二，价值主张，至少列出三点针对客户痛点的解决方案和产品的实用意义；第三，产品形态，即你的产品是以什么形式呈现的。

（5）核心竞争力

核心竞争力一般包括三个方面的内容：第一，产品优势，即你的产品和竞争产品相比具有哪些特色，哪些功能是你的产品有而竞争产品却没有的；第二，资源优势，展示自己已经拥有的客户以及成功的经典案例；第三，团队优势，展示自己公司的实力。

（6）结束页面

结束页面应该包括这些内容：第一，联系方式，包括手机号、微信二维码、公司地址、公司网址、公司电话等；第二，结语，可以是对产品优势的再次强调，也可以表达对合作的期待；第三，公司 Logo，在结语的后面，一定要加上公司 Logo。

（7）提问环节

之所以将这一点单独列在 PPT 里，是为了方便客户针对 PPT 的内容进行提问。这也是你和客户进行交流互动的重要机会。

☑五个绝招，让你的 PPT 更有说服力

以上七个步骤是我们制作 PPT 的基本思路，但一个具有说服力的完美的 PPT，光有思路是不够的，还需要在制作上多花心思。

（1）切忌堆砌文字

许多销售员总是抱有这样的错误观念，认为制作 PPT 就是对公司背景、产品简介等内容进行复制粘贴。事实上，PPT 的本质在于可视化和形象化，它可以将原来看不见、摸不着、晦涩难懂的文字，转化为图表、图片、声音、动画等形式。所以，在制作 PPT 时，一个最大的原则就是切忌堆砌文字，要做到图文结合、通俗易懂。

（2）逻辑清晰最重要

任何事物都是具有两面性的，PPT 的优点很多，可是缺点也不容忽视。具体来说，PPT 的缺点主要体现在两大方面：第一，逻辑抽象，难以把握；第二，PPT 一页一页下翻的特点决定了它一次只能看一页内容，对于前面的内容，只能靠记忆。

针对 PPT 的这两大缺点，我们能采取的积极应对措施就是，在制作内容时保持严密的逻辑。

（3）设计要有创意

一个完美的 PPT 应该具有三大特质：第一，让客户赏心悦目；第二，让客户产生好感；第三，能够赢得客户的信任。

要满足这三点，我们首先要在 PPT 的设计上下功夫。要知道，内容上的好坏一时难以评价，但形式上的优劣却是一目了然的。

（4）杜绝炫技

动画播放功能是 PPT 的一大特色，在设计 PPT 时，适当加入一些特技能让我们的 PPT 变得更生动。但需要注意的是，销售 PPT 的本质还是一种销售辅助工具，如果在设计中加入了太多动画和特技，也可能会适得其反，让客户看得疲惫甚至产生反感。

（5）多用图表说明问题

在制作销售 PPT 的时候，或多或少都会涉及一些数据。对于这些数据，最好是用图表的形式展现，这样做的好处是可以让 PPT 摆脱大段大段的文字叙述，使整体画面更清晰明了。

好的 PPT 是需要策划的。俗话说，磨刀不误砍柴工，策划 PPT 的过程，实际上也是一个为销售成功铺桥筑路的过程，必须引起所有销售员的重视。

TOP

SALES

5

客户拜访

如何高效地与客户打交道？

销售不仅仅是一种商品的买卖，更是一个与客户打交道的过程。在销售中，拜访客户是销售员最基础、最日常的工作之一。无论是客户开发、新品推广，还是销售谈判、客情维护，都需要拜访客户。正所谓“拜访质量定江山”，一场高效的客户拜访，既能节约时间成本，又能为签单成功奠定基础。

成功预约客户的六大绝招

在拜访客户之前，我们首先要对客户进行预约。在销售中，预约客户是非常关键的一个步骤，它是销售员顺利签单的重要铺垫。一旦销售员通过预约成功争取到了拜访客户的机会，那么，销售就成功了一半。

相信大家都看过电影《当幸福来敲门》，影片的主人公克利斯·嘉德纳是一名股票经纪人。一次，他到客户家去拜访，虽然遭遇了拒绝，却意外发现了客户和儿子之间的矛盾。原来，客户曾经答应过要陪喜爱橄榄球的儿子去看一场球赛，可是由于工作太忙，一直没有兑现承若。捕捉到这个细节后，克利斯想尽办法弄到了一张橄榄球赛门票，成功约到了客户，也由此签下了自己的第一单。

影片中的这个桥段，就是一个预约客户的经典案例。然而在实际的销售中，我发现许多销售员并不会预约客户。因为没有掌握正确的要领，他们在预约客户时，花了时间，也花了精力，预约成功率却很低，给销售工作的进一步开展造成了阻碍。

预约的目的是为了争取拜访的机会，它绝不是打打电话、发发微信那么简单，而是一个讲究技巧的过程。只要掌握了以下六大绝招，你的客户预约之路就会变得更平坦。

☑绝招一：带着拜访目的去预约

拜访的目的就是预约的核心。那些成功的 Top Sales 无外乎都是抓住了这一关键内容，在预约时，他们通常会带着拜访的目的。

首先，Top Sales 在预约前会弄清楚每一位客户的状态，即他是属于 A、B、C、D 四种类型中的哪一类客户。因为不同状态的客户，拜访的目的是不同的，在预约时所使用的销售话术也会不同。比如，A 类客户的签单意识是最强的，在拜访时，Top Sales 的目的就是为了签单。那么，在预约时，销售员就要按照这个目的去设计预约说辞。

其次，在每次拜访客户后，Top Sales 都会认真整理、记录与客户谈话的核心内容。再次预约客户的时候，他们会参考这些谈话的内容，重新对客户进行归类，并精心准备预约说辞。

总之，学会管理客户，带着拜访目的去预约客户，是预约成功的第一步。

☑绝招二：找准预约的兴趣点

在拜访客户的时候，还要设计一个预约兴趣点，通俗来说，就是要设计一个拜访的理由。如果这个点设计得好，能够让客户产生兴趣，那么，预约就成功了一半。

许多普通销售员在预约的环节总是卡壳或被拒，主要原因就是因为没有找到一个清晰明确的预约兴趣点。比如，他们通常会这样预约：

王总，今天下午您在不在公司，我正好路过您的公司，想来看看您。

王总，最近天气很不错，我想来拜访一下您。

这样的话语听起来似乎没有毛病，实际上却没有表明拜访的目的，对客户也产生不了吸引力。站在客户的角度，他们会想：我有什么好“拜访”的呢？然后，毫不犹豫地予以拒绝。

而 Top Sales 在预约客户时就不会犯这样的错误，他们通常会这样说：

王总，上次和您聊完以后，我受益匪浅，尤其是您对国际贸易形势的分析真的很透彻。回来以后我消化了大半天，其中还有几个点我不是很明白，您看我今天正好路过您这，想再向您讨教、学习，可以吗？我现在就在您楼下。

这段话中，拜访的目的就很明确：向客户讨教、学习，实际上就是和客户谈签单。当客户听到这样的话语后，就会对销售员的拜访产生兴趣。而且，Top Sales 还特意强调了“我现在就在您楼下”，让客户不好意思拒绝。

从上面普通销售员和 Top Sales 在预约客户时使用的不同话术中，我们可以总结出预约客户时找准客户兴趣点的一个常用方法，即强调请教、学习、探讨和分享。具体来说，就是向客户强调上次拜访完后，你还感觉意犹未尽，还想就这个话题继续探讨；或者，你有一个对客户帮助很大的点，想过来和客户分享。

我们都有分享的欲望和动机，也愿意别人向自己学习，这种强调请教、学习、探讨和分享的预约客户话术，正是建立在这一基础上。

☑绝招三：多赞美客户并掌握预约的主动权

赞美是世界上最动听的语言，任何人都不会拒绝来自他人的赞美。在预约客户时，恰如其分地赞美客户，能够锦上添花，让客户对你心生好感，从而愿意见你。

当然，赞美客户也是有一定技巧的。比如，你可以巧妙地将对客户的赞美隐藏在对上次拜访的反馈中，向客户传达一种信息，即你们的沟通是有效的，通过沟通，你受益匪浅。

在上文中我已经提到，当 Top Sales 在预约客户时，通常会在最后强调一句：“我已经在楼下了。”这实际上是掌握预约主动权的一种表现。所谓的掌握预约主动权，是指基于拒绝心理成本的原则，婉转地告知客户你已经在约定的地点，减少客户拒绝，提高预约成功率。

☑绝招四：把握最佳的预约时机

预约时机直接关系着预约的成功与否。结合我多年的销售经验，我总结出了预约客户的两个最佳时间段。

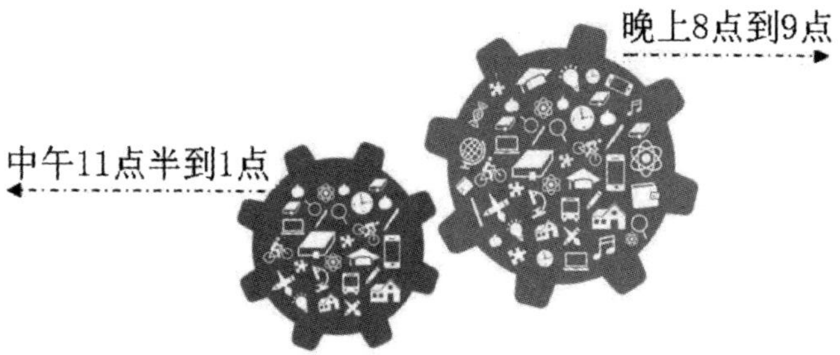

图 5-1 预约客户的两个最佳时间段

（1）中午 11 点半到下午 1 点

上午的时间通常也是客户最忙的时间，一般不方便打扰客户。而中午 11 点半到下午 1 点，正好是客户吃午饭及午饭后的一小段时间。此时，客户会比较清闲，思路也会更清晰，所以这个时候预约，是一个不错的选择。

（2）晚上 8 点到 9 点

优秀的老板通常都会在晚上对一天的工作进行思考和总结。所以，晚上 8 点到 9 点也是预约客户的一个最佳时机。一方面，在这个时间段客户能静下心来听你说；另一方面，客户也有时间对你的话进行判断和分析。

☑绝招五：选择对的沟通方式

在互联网时代，人与人之间的沟通形式是非常多元的，而且在销售中，不同的沟通方式也代表着不同的沟通等级，会产生不同的沟通效果。比如，电话沟通通常用于重要且紧急的事情，微信通常用作日常沟通，电子邮件通常用于传递销售资料，而快递则主要用于给客户邮寄礼物。

中国是礼仪之邦，讲究礼尚往来，有时候一些不是特别贵重的小礼物，的确可以作为预约客户的敲门砖。在前文中提到的电影《当幸福来敲门》中，克利斯就是通过快递，给客户邮寄了一张橄榄球比赛门票。

总之，在预约客户时，选择合适的沟通方式很关键。我个人比较推荐的是电话沟通和微信沟通，尤其是微信，因为通过微信，你可以更好地进行客户管理。比如，经常给客户发一些表情包或者分享一些好的文章等，就有助于和客户建立更密切的联系。

☑绝招六：做好预约铺垫

对于预约客户而言，前面的铺垫至关重要。许多时候，你能否成功预约到客户，很关键的一点便是在上次的拜访中，你有没有留下再次拜访的机会点。

从某种意义上说，预约既是一个开始，也是一个结束。“开始”是针对本次拜访而言的，“结束”则是针对上一次拜访而言的。所以，当你每完成一次拜访后，一定要为下一次的预约做好铺垫，留下一个再次拜访的机会点。尤其是，对于那些对时间管理要求非常严格的客户，这既代表着一种尊重，也是一种高效销售的体现。

那么，这个铺垫应该如何做呢？在这里，我和大家分享一个实用小技巧：**一次性谈透。**

许多普通销售员在拜访客户的时候，会留一手，他们不知道留一手能彻底把客户“留黄”，把自己“留郁闷”。而 Top Sales 懂得一次性谈透，说“人”话，说该说的话。对于这一点，很多普通销售不会去做，在拜访客户结束的时候，普通销售往往这么说：

王总，再次感谢您百忙中的会晤，跟您的沟通很愉快，也很受益，尤其是您对行业以及国际贸易形势的判断和分析，非常专业，向您学习受教了。看您也比较忙，也不忍心再继续叨扰了，回去之后我会再好好消化消化。其实，对于您所属的行业，我们还真是有一些非常专业的数据和报告。由于今天来得比较匆忙，我忘记带了，我想回去之后整理一下，下周二下午 2 点给您送过来，顺便再向您继续请教，您看可以吗?

他们以为这样说能达到两个目的：一是为下次预约埋下伏笔；二是将再次拜访的时间精确到了下周二下午 2 点。

其实不然，客户那么忙，可能下周二下午 2 点根本没有时间见你，你也因此错失 Close 良机。所以，一次性谈透永远比留一手更加高效!

上面分享了预约客户的六大绝招，希望能够帮助到大家。从本质来说，销售其实就是一个环环相扣的循环。作为这个循环中最重要的环节之一，只有做好了销售预约，才能更好地进行销售拜访。

首次拜访精准客户，你需要做哪些准备？

拜访客户是每一个销售员都要做的事情。同样是拜访客户，Top Sales 每拜访完一个客户，都能有不少收获：要么敲定订单，要么了解客户的需求，要么解决客户的疑问……总之，Top Sales 每拜访一个客户都是带有目的性的，并且在这个过程中能很好地执行，确保最终有所收获。

而普通销售员，似乎就是为了拜访客户而拜访，拜访的过程就是送份资料，见个面，递张名片，回来后有什么收获自己也不知道。

是什么导致了如此大的差异呢？答案就是拜访客户前的准备。所谓“不打无准备之仗”，Top Sales 在拜访精准客户前，会精心地准备，其目的只有一个，即**为客户寻找到可以接纳或者信任我们的理由。**

那么，Top Sales 在拜访精准客户前，是如何准备的呢？

☑心理准备：抱着平和、平等的心态

为了确保在拜访客户时不会因为过度紧张而影响谈话质量，销售员应该在拜访前做好充足的心理准备。

具体来说，包括以下两个方面。

（1）平和心

从某种意义上说，“脸皮厚”实际上是优秀心理素质的代名词，它要求我们正确认识挫折和失败，有百折不挠的勇气。在销售工作中，你会经历很多次失败，但你一定要有耐心，你要相信所有的失败都是为你以后的成功做准备的。为什么这个世界上有成功者也有失败者，原因很简单：成功者比失败者永远是多坚持了一下。

（2）平等心

一般来说，我们所选择拜访的精准客户在职位上与我们是不匹配的。他可能是一个公司的 CEO 或者高管，而我们在他的眼中仅仅是一个销售员。因为地位的不同，导致很多销售员心里会发憷，认为自己很卑微，而客户是高高在上的。这样就会让你在见到客户时，因为紧张，话都不敢说，或者说出来的话显得不够自信。这是一种错误的心理。在拜访客户前，你首先要有一颗平等心。你应该清晰地知道：你和客户是平等的，你没有必要怕他或奉承他；你只需要尊重他，用你的实力来证明自己与自己所推销产品的价值。

☑资料准备：摸清客户的性格

资料准备是为了摸准客户的性格，了解客户是什么样的人，他多大年纪，他是什么样的性格。我们之所以要了解客户的性格，是为了摸清客户的脾性，从而选择良好的沟通方式和他进行沟通，而不是对抗式的沟通。

那么，我们在首次拜访客户之前，应该怎么去了解客户的性格呢?

（1）摸清客户性格的方法

摸清客户性格的方法主要是**搜集和分析客户的资料和信息**。客户资料的搜集应多角度、多途径地进行，尽可能全面地搜集所有相关的资料。资料搜集得越多，客户的形象就越清晰，他的性格你就摸得越准，面谈的切入点就越明确。具体来说，有以下两种方法。

第一种，通过浏览公司官网的一些图片或其他相关的内容，了解该公司的企业文化，而一家公司的企业文化就能够体现老板的性格。比如，这家公司的官网上有很多老板的经典语录，那么这个老板要么是老虎型性格的人，要么是孔雀型性格的人。这样，我们就知道面对这样性格的老板，应该使用什么样的方式和对方沟通。

第二种，通过中间人去了解，这个中间人可能是第二 KP 或第三 KP。我们可以给中间人打电话，直接或间接地了解老板的性格。

（2）不同性格的客户，采取不同的沟通方式

知道了精准客户的性格后，接下来，我们就要用不同的方式与不同性格的客户进行沟通。作为销售员，我们尤其要注意的是：千万不要用一套方法与所有的客户沟通。很多普通销售员的成交率之所以如此低，就是因为他们用一样的话术与所有的客户沟通，企图“一招吃遍天下”。要知道，你见到的客户大多是一家公司的老板或高管，他们都是久经沙场之人。要想赢得他们的认可，你就必须用他们喜欢的方式与他们沟通。

那么，我们应该如何与不同性格的客户沟通呢？

根据人的天生特质，我们可以将客户分为四种类型，包括**支配**

型、表现型、精确型、耐心型。为了将这四种类型客户的个性特质形象化，根据其各自的特点，我们又可以分别称其为老虎型客户、孔雀型客户、无尾熊型客户、猫头鹰型客户。下面，我们就来看一下不同类型客户各自的特征，以及我们与其沟通的合理方式。

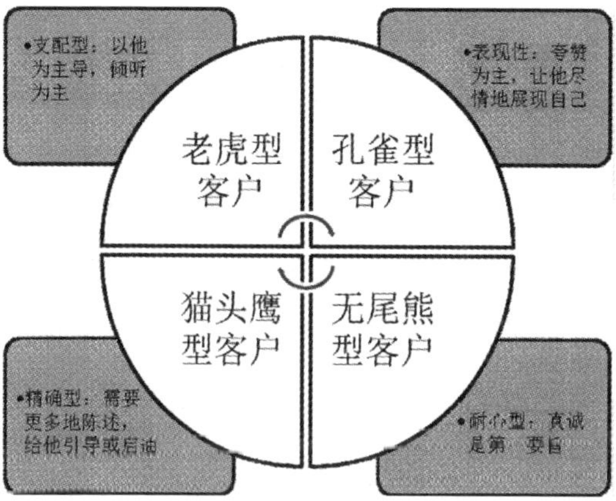

图 5-2 四种不同性格的客户和相应的沟通方式

①老虎型客户：以他为主导，倾听为主

具有支配型特质的客户又被称为老虎型客户，其性格的共同点为充满自信、竞争心强、主动且企图心强烈，是个有决断力的领导者。一般而言，老虎型客户胸怀大志，勇于冒险，看问题能够直指核心，并对目标全力以赴。

当你与老虎型客户沟通时，需要以他为主导，他说你听。当他说完以后，你可以把他说的重点总结一下，与他确认即可。

需要注意的是，如果你也是老虎型性格的人，那么你们之前的沟通可能会出问题。有很多老虎型性格的客户在与销售员沟通时，能把桌子掀起来，这时一些心理素质差的销售员，说话声音就会开始发抖。一旦出现这样的情况，你就已经处于弱势，你签下单的概率就会微乎其微。

②孔雀型客户：夸赞为主，让他尽情地展现自己

马云是营造气氛占比 15% 的孔雀型人群。孔雀型客户的共同特质为：人际关系能力极强，擅长以口语表达感受并引起共鸣，很会激励和带动气氛。他们喜欢跟别人互动，重视群体的归属感。由于他们富有同理心并乐于分享，他们具有很强的亲和力。

当你在与孔雀型性格的客户沟通时，要让他尽情地展现自己。你只要做一件事情，就是在他说话的时候不时附和道："哇，王总，你好优秀啊！你是怎么做到这么优秀的？你能不能跟我分享一下你这么多年怎么成为行业老大的？"诸如此类的赞赏外，让他尽情地释放自己，等他展现完自己以后，他就会让你来展现你自己。此时，你要简洁明了地跟他讲明来意，以及你要跟他讨论的重点内容等，跟他进行一个简洁明了的交流。

③猫头鹰型客户：需要更多地陈述，给他引导或启迪

重计划、有条理、注重执行游戏规则、循规蹈矩、巨细靡遗、重视品质、细节精准，是猫头鹰型性格的客户的共同特质。在行为上，猫头鹰型性格的客户会表现出喜欢理性思考与分析，并重视制度、结构、规范的特点。

你在与猫头鹰型性格的客户沟通时，需要更多地陈述，比如，你可以更多地对目前的行业形势、行业问题等进行分析，带给他们更多的启迪或引导。

④无尾熊型客户：真诚是第一要旨

平易近人、敦厚可靠、避免冲突与不具批判性、注重稳定与中长程规划、遇事冷静、不慌不忙，是无尾熊型性格客户的共同特质。在现实生活中，无尾熊型性格客户常常会反思自省并以和谐关系为中心，即使面对困境，亦能泰然自若，从容应付，保持冷静自持的态度。

你在与无尾熊型性格的客户沟通时，真诚是第一要旨。无尾熊型客户喜欢简单，看重人品，他们会有意识地选择“气味相投”的人。因此，能够真诚地提出建议，责任心比较强的销售会更容易得到他们的赏识。所以，你在与无尾熊型客户沟通时，完全可以表现出你隐藏已久的“本色”来。

需要注意的是，拜访客户是一个动态的过程，并没有具体的模板和标准的答案。想更好地掌握拜访不同客户的不同方法，需要我们在实际的拜访中不断摸索、不断总结。

☑展示工具的准备

展示工具是我们在与客户见面过程中必不可少的环节，它具有强化说明、促成签约的作用。在拜访精准客户前，对展示工具的准备也是十分必要的。

具体来说，展示工具包括展示资料、签单工具和小礼品等。

在展示的过程中，有的客户可能会对公司、商品服务，甚至你个人存在许多疑问，有的客户可能会有了解同行使用你的产品后产生何种价值的需求。此时，如果你拿出相关的资料给客户看，就可以很好地打消客户的疑虑，让客户对你产生信任。

所以，在每次拜访客户前，你不妨准备一个漂亮的展示夹，并将以下资料放入其中。

①公司简介。

② Sales Kits（销售宣传资料，最好是 PPT 形式）。

③个人资料。

④各种简报、数据。

需要注意的是，你一定要在向客户提供的 Sales Kits 里，展示你的产品能给他创造什么样的价值。你可以把产品的价值数据化，比如使用你的产品一个月后，会产生什么样的价值；使用半年后，会产生什么样的价值。

总之，首次拜访客户是你与客户第一次面对面的正式“过招”，一定要引起重视。尤其是对于那些经验不足的销售员而言，拜访前的准备程度，往往就决定了拜访的最终成败。

见面后，如何在沟通中看透客户的需求和购买动机？

普通销售员总是不明白，为什么卖同样的产品，那些 Top Sales 可以天天拿到订单，自己做一个月连订单的影子都看不见。其实，造成这两种截然不同结果的最主要因素是，普通销售员总是不明白客户的需求和动机是什么。

从另一个角度来说，普通销售员和 Top Sales 之间的明显差别在于一个有勇无谋，而另一个总是在理性地思考。普通销售员会不停地围绕产品和服务的品质、特性、功能来说事，却不清楚自己所说的到底是不是客户最需要的，也不清楚客户最需要的是什么，购买动机又是什么；而 Top Sales 不会喋喋不休地把一些枯燥的东西强行灌注给客户，他们更擅长思考，会在与客户的沟通中分析客户的需求和购买动机，从而单点突破。

也就是说，在沟通中看透客户的需求和购买动机，是促使客户签约、取得销售成功的关键。那么，作为销售员，在与客户见面沟通时，我们要如何才能看透客户的需求和购买动机呢？

☑看透客户的需求

大家都知道，医生在不能发现病人需求的情况下就用药，无异于草菅人命。同理，销售员在不能发现客户需求的情况下就进行推销，不但自己会徒劳无功地浪费口舌，而且也完不成销售目标。销售员给客户推销产品，相当于医生给病人看病，应该先充分、全面地了解客户的需求和期望所在，然后才能给客户提供一个他所需要的产品。

我们在和客户第一次见面时，千万不要马上推自己的产品，这一点是我想强调的与众不同的销售方式。能与客户见面，就意味着客户认可你，接下来你应该先了解客户。比如，你可以这样对客户说："王总，我想了解一下，公司现在是个什么样的情况。有没有使用这产品？"

如果对方说已经使用了，那你就可以跟他聊聊使用情况怎么样，对产品不满意的原因是什么。这时，对方可能会告诉你："前面销售员也是这样对我讲的，但是它就没有这个功能……"你要知道，如果客户有新的需求，一定是想更换或对原来使用的产品感到不满意，他才愿意给你一个见面的机会。

这时，你不能立刻把产品推给客户，而是要了解对方具体发生了什么事情。有针对性地了解发生了什么事情，你才能更有效地把你的产品推出来。比如，客户的不满意在哪里，他的新需求在哪里，他对功能的需求是什么，他对价格是否敏感……这些事情你都要有充分的了解。

我特别不赞成销售员一见到客户，就立刻把产品的功能讲一遍。讲完以后，客户看着你问："你是来卖东西的？"作为销售员，我们要传递给客户的观念是“我们是卖服务的”，你要把你的产品功能、价值传递给客户，并在这个过程中充分挖掘客户的需求。即使到最后，你发现你的产品并不符合客户的需求，那么你也可以把这些需求反馈给公司的 CEO 或技术部，助力公司研发出符合客户需求的产品。从某种意义上说，销售员其实就是一个产品经理。

看透客户的需求也有是技巧可循的，这里，我介绍几个行之有效的技巧供大家参考。

（1）鼓励客户去想象

当你发现你与客户沟通时，客户出现犹豫或排斥的情绪时，你可以这样问他：“王总，您最希望在购买我们的产品后能获得怎样的效果？”如果客户如实地回答了你，你可以接着说：“我们的产品就有这样的效果，您可以体验一下。”

鼓励客户去想象而不是生硬地提问，会让客户暂时放下戒备，从而让你更好地了解对方的需求。

（2）直接询问客户

在实际销售中，很多销售员在与客户沟通完以后，就会马上向客户推销自己的产品，这是一种错误的做法。Top Sales 会在沟通的过程中，以直接询问客户的方式来获取客户的信息。比如，他们通常会这样说：“王总，我想了解一下公司有没有使用同款产品……”

如果客户说已经使用了，Top Sales 就会和对方聊聊产品的使用情况以及对产品是否满意。如果客户对产品不满意，你也不要立刻把你的产品推给对方，而是要了解他具体在哪里不满意，他的新需求在哪里，等等。

（3）听出客户的需求

倾听是销售员销售工作中的一大法宝。销售员在与精准客户沟通时，要多听少说，客户的需求很多时候是可以通过倾听来获取的。

☑看透客户的购买动机

除了要了解客户的需求，Top Sales还会在沟通的过程中，想方设法地看透客户的购买动机。如果不了解客户的购买动机，你就找不到打开销售之门的钥匙。动机决定着行为，购买动机是客户购买过程的第一步。

客户的购买动机有时候会超乎你的想象，可能是因为品牌，因为你的演示震撼了他，或者某某企业用了他也要用，也可能是你真的解决了他的痛点，或者是你气质好长相出众……比如，我曾经听学员说过一件好笑的事，他在向客户推销一款空气净化器时，以为客户会因为净化器的功能和质量而购买，没想到的是，对方更加看重的是净化器炫目奢华的外表，因为对方是个“颜值控”。

那么，我们如何才能看透客户的购买动机呢？

客户的购买动机可以分为理性购买动机和感性购买动机，两者之间既有区别又有联系，而且具有一定的可转化性。切实了解客户的购买动机，需要销售员养成全面观察客户反应的习惯。掌握了这一点，你的销售技巧才会更具针对性，这是提高销售水平的关键。

（1）理性购买动机

理性购买动机，是一种基于对自身需购置商品的全部性能和花费进行全面考虑的合理型思维方式。持有这种动机的客户往往会要求销售员确认所有的问题，并对“最合理”的内涵进行全方位的阐述。他往往会坦承已经或正在对同类产品进行比较，但还未作出最后决定。

遇到这样的情况时，普通销售员通常会说：“是的，您应该慎重考虑，等您考虑清楚了再联系我。”前面已经说过，这样一来，90% 的客户是不会联系你的，即使有，也可能是你运气好。

而 Top Sales 则会通过客户的言行举止，迅速判明其购买动机，再把其注意力引导到最适合他的产品性能上去，使其向理想的购买动机转变。

（2）感性购买动机

比如，你正在向客户介绍你所销售的房子——客厅可以布置得富丽堂皇，厨房要做成开放式的，主卧放什么床，主色调该怎样确定，女儿的房间颜色要浪漫，地板要用意大利品牌的，阳台可以改成落地窗。

客户听了半天后，很可能会很不耐烦地说：“你讲得很好，但对我没用，我只不过是想买套房子给工人做集体宿舍，每间房至少住八个人。”那么，你前面的一切都是在白费口舌。每个人对商品都会有不同的购买动机，如安全感、舒适感、有个性、够浪漫等，都可能会影响客户的购买行为。当这种对商品的某种性能特别关注，甚至成为一种目的而使客户决定购买时，就是带有一定感情色彩的思维方式。

电话拜访什么时候用最合适？

在拜访客户时，除了可以面对面地进行拜访，还有另外一种重要的拜访形式，那就是电话拜访。作为一种贯穿于整个销售过程的拜访形式，电话拜访在销售中具有举足轻重的作用，如果运用得当，就能取得事半功倍的效果。比如，我们都很熟悉的阿里销售铁军诚信通，就是一个将电话拜访的效果发挥得淋漓尽致的典范。

不过，电话拜访不是万能的，并非所有的销售环节都适合借助电话这种工具。只有在一定的情境下，电话拜访才能发挥出最大效用。一般来说，电话拜访主要适用于以下三大销售环节。

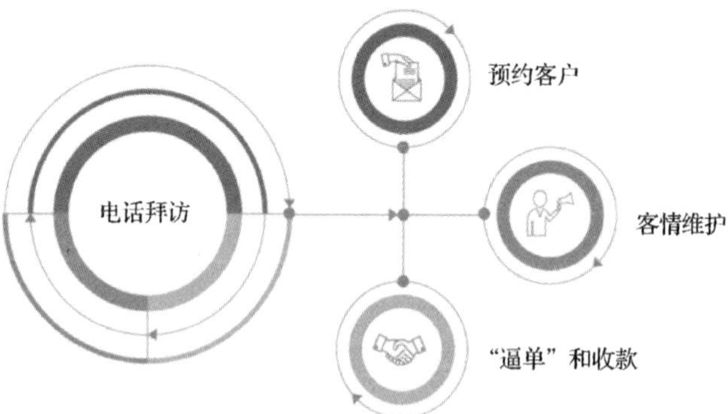

图 5-3 电话拜访主要适用的三大销售环节

☑预约客户

对于那些你从未见过面或者从未沟通过的客户，电话拜访是最节约成本、最有效果的拜访方式。因为当你与客户素未谋面或者并不熟悉时，你冒昧地跑到客户办公室拜访客户，显然是行不通的。此时，更合理的做法应该是，先通过电话拜访的形式与客户进行必要的交流，并约定见面的具体时间、地点，然后再去进行拜访。

即便是对于那些已经拜访过的客户，你在准备再次拜访的时候，为了提高拜访的效率并表示对客户的尊重，也需要首先与客户就拜访事宜进行沟通和预约。而电话预约，就是预约客户的一种重要方式。

☑客情维护

有人曾经将销售比喻成耕种。正如播在地里的种子需要经常浇水施肥，才能破土而出，成长为幼苗，客户也是需要经常去维护的。一笔订单的敲定也许只是花一分钟签个字、盖个章，然而为了这关键的一分钟，你可能需要持续几个月甚至一年的客情维护。在这个客情维护的过程中，你不可能每次都面见客户，那样做的成本太大，而电话拜访就成了最佳的客情维护方式。一般来说，隔一段时间你就应该对客户进行一次电话拜访，在联络感情的同时，也不断将客户的状态往前再推进一个阶段。

通常，销售员通过电话拜访的形式做客情维护时，还应该注意以下两点。

（1）每次电话拜访的时长不要超过 6 分钟

通过测算我发现，6 分钟已经是一次电话拜访的时间极限了，一般以 3~5 分钟时间为最佳。

（2）一定要弄清楚电话拜访的目的

在进行电话拜访时，你一定要十分清楚地知道，自己为什么打这通电话，通过这通电话，你要表达什么观念，给客户传递什么信息，然后再根据这个拜访目的去设计自己的说辞。

在实际的电话拜访中，我发现很多销售员总是抓不住拜访的重点。一个电话打过去，往往闲扯了半天，却让客户听得云里雾里。这样的电话拜访，自然是得不到理想效果的。特别是，在这个信息泛滥的时代，有价值的信息本身就需要过滤。这种缺乏明确目的性的电话拜访，很有可能会成为你签单成功的阻碍。

既然是做客情维护，那么有目的的电话跟进就是你进行电话拜访的最根本目的。你一定要充分利用电话拜访的机会，力争将客户的状态再往前推进一个阶段。比如，直接和客户沟通你的电话目的，不要绕弯子，没有谁有闲心来听你绕弯子的话。所以，说“人”话，说你想说的话，这才是你电话拜访的目的。

☑“逼单”和收款

除了上面提到的预约客户和客情维护外，电话拜访还适用于销售的“逼单”和收款环节。

相信许多销售员都有这样的感受，在销售的过程中，最焦虑、最尴尬的情景主要有两个：一是客户始终不给你一个明确的答复，是签单还是不签单；二是签完单后，客户迟迟不肯付款。电话拜访正是解决这两个棘手问题的最佳选择。

当遇到以上两种尴尬的情况后，你就可以拿起手中的电话，对客户做一个电话拜访，“逼”客户给你一个 yes or no(“是”或“否”)的答案，弄清楚客户究竟是买还是不买、究竟什么时候付款。这里的“逼”，并不是真正意义上的逼迫，而是要晓之以理、动之以情，让客户产生一种同理心。结合多年的销售经验，我发现，有时候对客户说一些很感性的话，比如说服客户给你一个确切的答复等，在电话里说往往比当面说更适合。

当然，你进行电话拜访的目的也并非让客户马上就买或者就付款，而是要得到一个肯定的答复。

需要注意的是，不管是“逼单”还是催款，每次电话拜访的时间都应该和上面提到的一样，控制在 6 分钟以内。为了突出重点，你应该在电话接通后，立马就将拜访的目的抛出去。

总之，不管是在销售的预约客户环节、客情维护环节，还是“逼单”和收款环节，电话拜访都是一种低成本、高效率的有效方式。当你掌握了电话拜访的要领，并且能够学以致用，那么，你离 Top Sales 就更近了一步。

TOP SALES

6

谈判攻略

如何在初次见面的 60 分钟里当场签约?

与客户谈判是销售的重要环节，也是决定销售成败的关键环节，更是一个棘手的难点。对于大多数销售员来说，每天大量的时间都要用在与客户的谈判上。很多时候，即使你付出了百分之百的努力，很多客户仍然会和你“反目”，原因就是销售员在和客户的谈判中出了问题。一场高效的谈判只需60分钟，只要掌握这60分钟的谈判技巧，就能搭好与客户沟通的桥梁，让订单顺利飘到自己身边。

一次高效的谈判过程，应该包含哪些内容？

销售谈判是销售过程中的一个重要环节。当你如约见到了客户，你准备花多长时间与客户交流？交流哪些内容？时间怎么分配？通过和客户的交流，你要达到什么样的目的？这些都是我们需要考虑的问题。

时间就是金钱，在这个快节奏的时代，人人都有很强的时间观念，注重工作效率。客户很忙，通常不会留很多时间给我们。同样的，我们在一个客户身上，也不应该花费太多时间。

那么，一个最佳的销售谈判，时间到底应该是多久呢？

根据我的经验，面对一个精准客户，从见面到 Close，到最终的签单收款，最佳的时间应该控制在 1 个小时左右。并且，这 1 个小时的时间安排是不可以随心所欲的，而应该进行合理的规划。如果时间太长，节奏没有把握好，谈话的内容安排不得当，就容易让客户产生疲惫感甚至听懵，从而导致签单失败；如果时间太短，很多东西又可能说不清楚。

通常，在这宝贵的 60 分钟谈判时间里，你需要做五件事情：一个简短的开场白；深入了解客户的实际需求；着重介绍自己的产品；与客户互动；谈签单。下面，我们先来看看每件事情的具体时间安排情况。

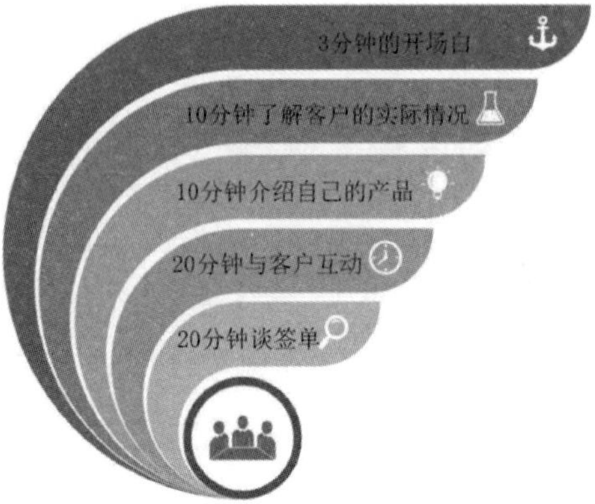

图 6-1　面对精准客户时的时间把控

☑ 3 分钟的开场白

心理学上有个效应叫“首因效应”，它强调的是第一印象的重要性。这个效应，同样适用于销售谈判。

在销售谈判中，一个完美的开场白具有举足轻重的作用，它能帮助你赢得客户的好感，营造出良好的谈判氛围，奠定整场销售谈判的基调，让客户对你和你的产品感兴趣，愿意与你继续聊下去。

万事开头难。销售谈判的头开好了，后面的事情就会变得相对简单。反之，头开得不好，一上来就把客户得罪了，或者把天聊死了，或者无法抓住客户的兴趣点，那么这场谈判就注定会失败。

☑ 10 分钟了解客户的实际情况

俗话说：“知己知彼，方能百战百胜。”了解客户的实际需求，能够帮助我们对客户做一个全方面的判断，让我们在销售产品的时候，更有针对性，更突出优势，从而做到有的放矢，一针见血。

一场销售谈判，了解客户实际需求的时间应该保持在10分钟以内。时间过长，容易引起客户的疲惫和反感。

☑10分钟介绍自己的产品

销售的最终目的是将产品卖出去，从某种程度来说，产品才是整个销售过程的主角。一场销售谈判，用3分钟的时间做了一个好开场，又花10分钟对客户的实际情况作了了解。此时，你已经与客户建立了一个良好的沟通氛围，那么，就到了切中正题、把产品推到客户面前、正式介绍产品的时间了。

一般来说，考虑到客户的耐心和接受程度，这个过程不要超过10分钟。如果时间持续太长，客户可能又会听得不耐烦。

☑20分钟与客户互动

产品介绍完毕后，如果客户对你的产品感兴趣，他们通常会与你进行互动，就他们所关心的问题以及他们的疑虑，向你进行详细了解。这个过程，就是你与客户的互动过程。

一般来说，与客户的互动时间应该控制在20分钟内。如果时间太短，你可能无法解释清楚客户关心的问题；如果时间太长，又可能会使谈判陷入僵局。

在这关键的20分钟里，你一定要利用自己的销售技巧和话术，点燃客户坚定签单决心的最后一把大火。

☑20 分钟谈签单

销售的目的就是为了签单。一场销售谈判，即便你的开场再完美，你前面的铺垫做得再好，最后没有签单成功，那它就是失败的。

在前面的过程中，你已经用掉了 40 多分钟的时间，所以最后留给签单的时间只有宝贵的 20 分钟。这 20 分钟，就是你与客户的博弈时间，是你完成销售任务的关键。

一般来说，20 分钟时间是足够你对客户进行几轮 Close 的。在这 20 分钟的时间里，你需要把握的一个原则就是咬紧牙关，第一轮 Close 不行就第二轮，力争现场签下单子。

以上我讲解了一次高效谈判应该做的五件事情及每件事情的时间安排，下面我将详细介绍这五件事情的具体做法。

前 20 分钟：完美开场，为签单打好基础

一场销售谈判的前 20 分钟，通常是为后面的 40 分钟做铺垫的。前 20 分钟把握好了，才能引起客户和你进行互动的兴趣。通过上文，我们已经了解到，在谈判的前 20 分钟里，我们需要做三件事：一是开场白；二是了解客户的实际需求；三是产品介绍。那么，在这三个环节中，我们又该如何做呢？

☑开场白：用好的开场，赢得客户的好感

也许有的销售员会说："开场白，谁不会。"事实上，开场白看似简单，却颇有讲究。一般来说，开场白的时间不必太长，两三分钟即可。在这两三分钟的时间里，你应该兼顾以下方面。

第一，感谢客户提供见面机会，这个步骤可以帮助我们迅速拉近与客户的距离；

第二，自我介绍，增加客户对我们的印象；

第三，说明拜访目的以及拜访对于客户的价值，在这个过程中，要注意关联客户的利益；

第四，转向挖需求，即将话题巧妙地转移到客户的需求上。

为了让大家更直观地感受好的开场白的魅力，我列举几种 Top Sales 常用的开场白方式。

方式一：王总，您好！感谢您在百忙之中抽出宝贵的时间与我会面！（感谢接见）

方式二：王总，您的办公室真的很有品味，简洁又不失雅致，可以想象，在生活和工作中，您也一定是一个干练的人！这是我的名片，请您多多关照！（先恭维客户，然后再递上名片，为销售做铺垫）

方式三：王总您好，我们公司是做网站推广的，我们了解到现在很多企业都很关注自己的口碑，都有做推广的需求。您做为企业的负责人，可能也会非常关心企业的网络推广工作。所以今天我特

意前来与您交流一下，看看有没有我们公司能帮得上忙的。不知道贵公司有没有这方面的需求？（介绍拜访的目的，而且在这个过程中，关联客户利益，挖掘客户的需求，使客户主动开口）

总之，一个开场白如果能做到让客户认清你今天拜访的目的，并且也认可你这个人，那么它就是成功的。

☑了解客户的实际需求：知己知彼，方能百战百胜

在做完开场白后，很多普通销售员可能就会直接开始介绍自己的产品了。事实上，这种做法是欠妥的。Top Sales 在介绍产品之前，一般会增加一个重要的步骤：了解客户的实际需求。

那么，在这个步骤中，我们需要了解客户的哪些信息呢？以下是我的一些经验总结。

（1）客户有没有使用过我们竞争对手的产品？使用的情况怎么样？

（2）如果客户没有使用过我们的产品，对这个行业他有什么样的想法？

（3）客户对同类的产品、同类的服务有些怎样的期望？或者他有一些什么样的认知？

（4）客户现在的公司是什么样的情况？

这个了解客户的过程，你可以直接通过询问客户实现，也可以通过与客户的谈话，间接地引导客户说出。

需要注意的是，在了解客户实际需求的过程中，你还要认真做好笔记，着重记录客户对产品的认知。俗话说“好记性不如烂笔头”，把这些内容记录下来，即便在后面的过程中你遗忘了，笔记也能够帮助到你。

☑介绍产品：突出优势，给客户一个直观的印象

为了高效地完成产品推荐，在介绍产品的 10 分钟里，你一定要抓住以下三大关键点。

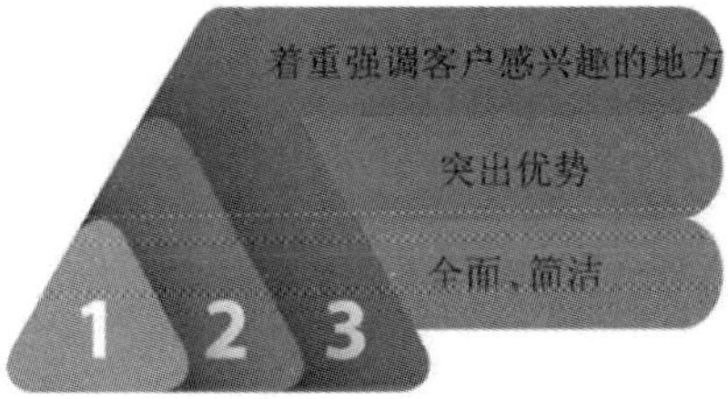

图 6-2　介绍产品时应抓住的三大关键点

（1）全面、简洁

在介绍产品的时候，要兼顾产品的方方面面，对产品的工艺、功能、功效、卖点等作全面的介绍，给客户一个直观的印象，让客户更好地认识产品。

此外，因为客户留给我们的时间是有限的，所以在介绍时，要尽量使用简洁的语言，对不重要的信息，不必谈得太深入，避免啰嗦。一定要把握好时间。

（2）突出优势

在这个产品同质化竞争异常激烈的时代，客户的可选择性是非常大的。要想让自己的产品在众多的竞争产品中脱颖而出，得到客户的青睐，就必须在介绍时突出产品的优势，将自己的产品与竞争产品作比较，向客户阐述清楚我们的产品相比于竞争产品，具有哪些独特性和哪些优势，让客户在短时间内记住我们的产品并对我们的产品产生兴趣。

（3）着重强调客户感兴趣的地方

在介绍产品之前，我们已经了解客户的实际需求，所以在介绍产品时，就应该立足客户的实际需求，抓住客户感兴趣的点。

如果你能在前 20 分钟里，以一个好的自我介绍开场，更深入地了解客户的实际需求，并且对自己的产品进行一次有针对性的、完美的推荐，那么，相信客户一定会对你的产品产生兴趣。如此一来，后续的谈判就会更顺利地推进下去。

中间 20 分钟：做好互动，让产品以价值取胜

通常，在完成对产品的介绍后，如果客户对你的产品感兴趣，就会与你有个互动。比如，客户可能会问你："小王，这个东西是什么意思？""小王，这个事情是什么意思？这个事情为什么是这样子的？""小王，这个功能是怎么样的？""针对这个功能，有

没有新开发的别的功能啊？”

当客户向你抛出了问题后，实际上有两种意思：第一，他对你的产品感兴趣，想进一步了解你的产品；第二，他还有一些其他方面的疑虑，比如功能、价格、售后等。此时，你要做的就是通过与客户的互动，进一步向客户介绍你的产品、打消客户的疑虑，让他充分认可你的产品。

在这个过程中，如果对客户的提问你的回答很到位，你与客户的互动很顺畅，那么就能为后面的成功签单奠定基础；反之，如果你的回答牛头不对马嘴，你与客户的互动不顺畅，那么你之前所做的所有努力就基本上白费了。

下面，我们通过对比普通销售员和 Top Sales 的两种不同做法，来看一下在互动的过程中究竟应该怎么说、怎么做。

☑普通销售员：对客户的问题避而不谈

在销售的过程中，面对客户提出的一些问题，很多普通销售员的做法通常是要么避而不答，继续推自己的东西；要么不直接针对问题，回答的内容牛头不对马嘴。最后，让一个好好的与客户会面的机会，变成了销售员说销售员的，客户说客户的。

我们先来看两个销售场景。

（场景一）

客户：“哎，小王，你看你们公司产品的那个功能可以设计吗？”

小王："王总，我们只有这个功能。"

在这段对话中，客户既然提出了关于产品功能设计的问题，就说明客户已经对公司的产品产生了兴趣。此时，小王应该抓住机会，引导客户将话题转向产品的优势和功能上，循循善诱，让客户认定公司的产品是无可替代的，具有其他同类产品所不具备的价值。而小王的回答，却明显背道而驰了，不仅没有对销售成功起到推波助澜的作用，甚至还有可能让客户产生"哦，只有这个功能，原来也不过如此啊"的想法，从而浇灭客户想要下单的热情。

（场景二）

客户："哎，小王，你看你们这个产品这么贵，别人的产品3万，你们的要6万块钱。"

小王："啊，王总，我们这个东西很便宜的啦。我们的产品有很多人买的，您看，我们卖得很好呀。"

在这段对话中，客户很明显是在质疑价格。小王这样回答，不仅不会使客户打消对价格的疑虑，还可能会让客户产生负面的想法：你来找我，要我认可你的价值，那为什么卖得这么贵呢？我就是想了解下其中的原因，你为什么不能告诉我呢？是不是意味着你的贵就是理所当然的？你卖得很好，那你干嘛来找我呢？别人都买了，我就要买吗？

相比于这种简单粗暴又适得其反的回答，小王更好的做法应该是通过进一步互动，去了解客户提出这个问题的原因，以及他提出这个问题背后的逻辑，然后再根据具体的原因和逻辑采取具体的策略。

总之，无论是上述哪种销售场景，小王的回答其实都是很致命的，都会把天“聊死”，把互动搅黄，让签约无望。而这样的回答，也决定了小王永远只能属于普通销售员。

☑ Top Sales：销售新商业价值

与普通销售员相比，Top Sales 的高明之处就在于他们能在与客户的互动中，让客户看到产品**独一无二的价值**。

Top Sales 在和客户沟通互动时，能够始终让自己的认知与客户的认知处于同一频道。他们通常会非常小心、非常系统化、非常价值化地去回答客户的问题，让客户感受到自己的产品和别人的产品是完全不一样的，是能为客户创造更大价值的，从而使客户愿意签单。这个过程，实际上就是在向客户销售产品的新商业价值。

正所谓最差的销售产品，中间的销售理念，最好的销售价值。在如今竞争激烈的商业环境中，做销售其实就是卖价值。比如，一种服务值 1 万，但它也有机会值 100 万，那么这个 100 万，就是这种服务的价值。如果你向客户阐明了这种服务的价值，并且客户也认可了这个价值，那么，客户就会掏钱下单，你的销售便成功了。

再如，同样是汽车，宝马为什么就可以卖得比别人贵？这是因为，宝马具有带给驾驶者独一无二的驾驶快感的价值。换言之，宝马卖的其实就是它独特的驾驶快感，这种感觉就是它的价值。

我们再来看一下，当面对同样的情景和问题时，Top Sales会怎样应付。

客户：“小王，你看你们这个产品这么贵，别人的产品3万，你们的要6万块钱。”

Top Sales：“王总，您觉得哪里贵呢？”

客户：“那个人卖3万，你的东西卖6万，为什么？我当然会觉得很贵了。”

Top Sales：“王总，是这样的，这个功能他有的，我也有。这个功能我有的，他就没有。您不要小瞧我这个功能，他不仅能够帮您提高功效，还能节约您的成本开支。我帮您初步算了一下，一年下来，它可以帮助您节约XX元，提高XX倍功效。而且，我们的产品是在不断推陈出新的，您使用我们的产品，未来的效益只会比现在高，不会比现在低。”

当这样的话一说出口，客户自然就会认为和竞争产品相比，你的产品虽然贵了3万元，但确实更具有价值，也确实物有所值，从而下单。

比起普通销售员，Top Sales在与客户的沟通过程中能够做到巧妙地循循善诱，引导他们说出自己的顾虑，并通过阐述产品所具有的独特价值去打消客户的顾虑，赢得客户的认可，从而为最终的签单奠定基础。这便是 Top Sales 的高明之处。

通过以上对比，普通销售员和 Top Sales 在与客户互动中的差别就一目了然了。如果你也想成为 Top Sales，那么下一次，当你在回答客户问题的时候，就要抓住产品的新商业价值，以价值俘获人心，用价值取胜!

最后 20 分钟：大胆提出签约，促成交易达成

一场 60 分钟的销售谈判，你花了 3 分钟做自我介绍，给客户留下一个好的印象；花了 10 分钟了解客户的情况，做到有的放矢；花了 10 分钟介绍自己的产品，让客户全面地了解产品；花了 20 ~ 30 分钟与客户进行互动，打消客户的疑虑，让客户认可产品的价值。完成这一切的铺垫后，剩下的 20 分钟，你就要做 Close 了。

这最后 20 分钟的 Close 时间，也是整场销售谈判中最重要的环节。可以说，你之所以去与客户进行这场销售谈判，其实就是为了这 20 分钟。即便前面的 40 分钟做得再好，铺垫再足，如果这 20 分钟不利用好，也会竹篮打水一场空。

然而，在实际的销售过程中，80% 的人都浪费掉了这宝贵的 20 分钟。那么，在这有限的 20 分钟里，我们究竟应该怎么做呢?

☑不要给客户“考虑一下”的机会，力争现场签约

在销售谈判的过程中，时常会遇到这样的情况，客户对产品表现出了明显的兴趣，也认同了产品的价值，可是到了签单环节，就是会犹豫不决。比如，他们会说：“小王，你看我今天都了解了，那我考虑一下可以吗？”“小王，过两天我再联系你吧。”

面对这样的情况，你通常是怎么做的呢？如果你是顺着对方的话回答说：“好吧。”那么很遗憾，你的 Close 基本就失败了。

我曾经做过一个统计，但凡这种在签单阶段说“我考虑一下”“我下次再联系你”的客户，你后面再跟进时的签单率通常不会超过10%。这就意味着，你一个月工作 22 天，进行 100 多次的谈判，最终签单成功的可能就只有两三家。按照这样的工作效率，你一辈子也别想成为 Top Sales。

同样的情况，如果客户说出需要考虑一下后，你不给对方机会，而是继续 Close，力争现场签单，那么你成功的概率至少会有25% ~ 30%。对比一下，效率是不是提高了很多？而且，在这个过程中，你一方面省去了后期跟进客户的时间和精力，另一方面也提升了自己的战斗能力和最终的 Close 能力。一举三得，何乐而不为呢？

拿我自己来说，在阿里巴巴做销售的时候，我每天会约见 3 家客户，对于这 3 家客户，我会尽全力将他们变成 A 类客户，当场签掉；如果实在说服不了，就直接变成 D 类客户。通常，我不会给客户“考虑一下”的机会，因为我深知“考虑一下”就意味着签单希

望已经很渺茫了。与其后期花费大量时间精力去追求这 10% 的签单率，还不如直接放弃。这也是我能一直保持着高效的工作效率的主要原因。

销售是一件讲究效率的事情，所以你也应该做有效率的事。最后的 Close 阶段，你要充分利用这 20 分钟，弄清楚客户有没有需求。如果有需求，为什么不签单？不签单，原因是什么？找到原因后，直接现场解决，然后现场签单。要明白，那些 Top Sales 之所以能脱颖而出，签掉普通销售员不能签的单，就是因为他们懂得现场签单的重要性。

☑勇敢说出心中所想

事实上，许多普通销售员并非不知道现场签单的重要性，只是在客户委婉地回复“再考虑一下”时，不知道该怎么应对。

试想一下，当客户对你说：“小王，你看我都了解了，我再考虑两三天吧，到时候再联系你。”你心里是不是也很想知道，客户说的两三天，究竟是两天呢，还是三天呢？如果到时候他不电话联系你，你该怎么办呢？明明已经认同了产品的价值，他还要考虑什么？

问题是，既然你也没底，为什么不把心里的疑问提出来呢？要知道，Top Sales 之所以能在最后的签单环节现场签单，就是因为他们多了一份勇气，面对客户的迟疑或婉拒，敢于说出心中所想，彻底打消客户的顾虑。

比如，他们会这样回答客户：

王总，我们今天也聊得挺好的，您也认同我们的价值，我们的价格您也能接受，您还有什么好犹豫的呢？要不我们今天就把这件事情定下来吧。我知道您很忙，我也不知道下次什么时候才能见到您。万一您一忙，就把我忙忘了呢？所以，我们不如今天就把这件事定下来，下面我们就可以为您提供服务啦！

此时，有的客户可能仍然会有疑虑："哪有这么快，我今天才第一次见你，知道你的产品。" Top Sales 则会继续 Close：

是，王总，您说得都对。我是这样想的，如果今天我离开了，下次我再电话联系您，我讲多了也不好，讲少了也不好，而且，您也一定不可能主动联系我过来签单。所以，王总，我们不如高效一点，您看您都花了个把小时听我啰嗦了，那我们不如今天就定下来吧。您是不是还有别的什么顾虑，如果有，那我们就把您的顾虑解决掉。

总之，在这最后的 20 分钟时间里，Top Sales 会咬紧牙关。当他们勇敢说出了心中所想后，即便最后依然没有签单成功，他们在离开后也不会沮丧，更不会纠结。因为他们知道，自己已经尽力了。

许多普通销售员在谈判的过程中，之所以说不出这番话，只好顺着客户回答"那好吧"，无外乎有以下两种原因。

（1）缺乏经验，没有勇气

很多普通销售员因为自身不够强大，缺乏经验和勇气，没有继续 Close。事实上，你只要想着，如果你不说出心中所想，等你走出客户的大门就会开始懊悔；如果你不现场 Close，你后期跟进签单成功的概率只有 10%，并且还会浪费你大量的时间，那么你就会鼓起勇气。

也许在最开始的一两次尝试中，你不会成功，但只要你坚持，敢于迈出第一步，那么你就会在这个过程中积累经验、提高能力，并且逐渐让现场签单成为一种常态。

（2）害怕给客户留下不好的印象，因此而失去单子

有些普通销售员总是担心自己说出内心所想、不断 Close 会给客户留下不好的印象，甚至让客户看不起，从而失去单子。事实上，这种担心完全是一种多余。客户并不会因为你说了这样的话，做了这样的事而小看你。生意场合，大家都是以利益为重，都很理智。当你向客户阐明了你的观念，并且这种观念是对他有利的，客户反而会更加欣赏你，认为你有胆识、有魄力、有恒心、有信心。

况且，即便你真的因此而得罪了客户，或者没有签单成功，那也只能说明这个客户本身就是 D 类客户，你也没有什么可遗憾的。

总之，这个世界上没有无法 Close 的 A 类客户。在销售谈判的最后 20 分钟里，你一定要咬紧牙关，勇敢说出自己所想，争取现场签单。

TOP

SALES

7

客户分类

如何通过客户分类快速推动客户，实现最快签约？

作为销售员，我们要经常不断地校准自己的方向，衡量客户是否为你的精准客户，是否值得你花时间和精力去“攻克”。要做到这一点，你必须了解你的客户价值，明确有效地对客户进行分类。只有这样，你才能对症下药，实现最快签约，提高成交率。

如何对客户进行分类？

经济学中的“二八规律”告诉我们：20% 的客户创造了 80% 的利润，80% 的客户只创造了 20% 的利润。所以，当我们在面对客户时，应该根据客户的不同情况对他们进行分类，并根据不同类别的客户，采取不同的沟通技巧，让我们的销售达到事半功倍的效果。

如今很多公司都有客户分类，但大多数公司的客户分类对应着漫长的签单周期。在如今这个迭代速度越来越快、市场竞争越来越激烈的时代，大多数人是没有耐心去等待的，这样的分类对于市场而言，也毫无竞争力。

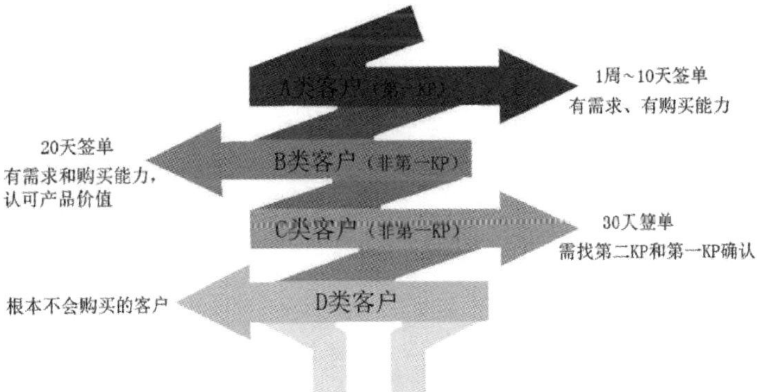

图 7-1 符合时代的客户分类标准

那么，什么才是符合时代的客户分类呢？图 7-1 便是我整理出来的新的客户分类标准。

☑A类客户：1周~10天签单，是第一KP、有需求、有购买能力

所谓A类客户，也就是第2章里我说的精准客户，属于A类客户的三个标准是：是第一KP、有需求、有购买能力。

A类客户的签单周期为1周~10天。如果在这个期限内我们不能签掉，那么就可以把它归纳到B类客户，或者甚至可以直接归类到D类客户。

为何我们要把A类客户的时间周期缩减得如此短呢？因为在如今这个竞争激烈的市场，很多客户已经不需要我们再花时间去培养了，他们已经被竞争对手和同行培养成熟了。所以，你只需要做一件事，那就是如何快速地与他成交，让他变成你的客户。

我之所以这么说，是因为如今是个信息爆炸的时代。在这样的时代里，大多数客户对某一产品的服务或价值都有所了解，你不需要再告诉他这些基础的东西，你只要告诉对方你的价值是什么。如果对方认可你产品的价值，就会签单成功；反之，即使你花再多的时间和精力，也将是枉然。在这个价值认可和价值传递的时代，从某种意义上说，客户买的就是价值。

☑B 类客户：20 天签单，非第一 KP，有需求和购买能力，认可产品价值

所谓 B 类客户，也就是你见的第二 KP 或第三 KP，而不是第一 KP。当你见完第二 KP 或第三 KP 后，他们还需要与第一 KP 开会沟通，确认是否购买。

一般情况下，你见完第二 KP 或第三 KP，虽然得到他们的认可，但他们没有最终购买权。这时，他们就需要与第一 KP 进行协调，把从你这里获得的关于产品的价值传递给第一 KP，讨论是否购买你的产品。

总结起来，B 类客户就是：非第一 KP，但有需求和购买能力，认可产品价值，签单周期为 20 天。

☑C 类客户：30 天签单，非第一 KP，需找第二 KP 和第一 KP 确认

所谓 C 类客户，也就是你见的第三 KP，而不是第一 KP。这个 KP 相当于公司的副总经理、销售总监，或者说具体使用产品的部门经理。在与他们沟通的过程中，他们认可你产品的价值，但如果要签单，他们还需要经过两层确认：一是他们的直属领导；二是第一 KP。因为涉及的人数众多，所以签单的难度提升至 3.0。C 类客户的签单周期一般为 30 天左右。

☑D 类客户：根本不会购买的客户

所谓 D 类客户，就是根本不会购买你产品的客户。这一类客户不认可你的产品价值，也没有购买能力。D 类客户通常具有以下三种特点：

第一，没有购买能力；

第二，不认可产品价值；

第三，没有需求。

以上三种特点满足一种即为 D 类客户。

相比于目前大多数公司所采取的客户分类方法，按照 A、B、C、D 四大类对客户进行划分，是一种更科学、更合理的客户划分方式。那么，销售员又应该如何分别对 A、B、C、D 这四类客户进行判断呢？下面我将详细介绍。

如何精准判断 A、B、C 类客户？

知道了 A、B、C、D 四类客户的定义后，对于大多数普通销售员来说，还有一个“过不去的坎儿”，那就是如何来分辨和判断不同类型的客户。

判断客户类型对于提高销售效率和成交率是非常重要的。一旦你把一个 D 类客户误判成 A 类客户，那么你至少将浪费 3 个小时的时间和精力在一个根本不会签单的客户身上。但如果我们能提早判断出这个客户是D类客户，那么这3个小时我们就可以开发出一两个A类客户来。

况且，因为你的判断失误，当你带着希望去拜见客户，信心满满地等着签单，结果对方却根本不会购买你的产品，失望和沮丧的情绪由此而来，这对你的心态和信心也是一种打击。

既然判断客户类型对于销售如此重要，那么我们应该如何判断客户的类型呢？

☑如何判断A类客户

判断A类客户的方法有以下两种。

（1）正向问自己：为什么他是A类客户？

天的拜访结束后，你向你的上司汇报工作说："我今天见了一个客户，我判断他是A类客户。"

你的上司问："为什么他是A类客户？"

你回答说："他是第一KP，有需求，对我们的产品也是认可的，也有付款能力。"

你的上司很可能会接着问："那你今天为什么没签掉呢？"

"是这样的，我今天跟他尝试签单最终没有签下来，可能是因为我的表现不太好。虽然他符合A类客户的标准，但可能他还需要思考一下，我认为他可能考虑两三天才会回复我。"

作为销售员，如果你能在谈完客户后，清晰地知道对方是否为A类客户，并且知道没有签单的原因所在，那么你就是一个Top

Sales。反之，如果你谈完客户后，不知所以然。那么，当你的上司问你“为什么这个客户不是一个A类客户”，你可能都答不上来。

（2）反向问自己：为什么他不是A类客户？

除了正向问自己“为什么他是A类客户”，有时候，我们也可以反向问一下自己：“为什么他不是A类客户？”这样你就会推敲出你今天所见的客户是不是第一KP。

比如，你的上司问你“为什么他不是A类客户”，你就可以这样告诉他说：“因为你今天见的不是第一KP，这段时间第一KP在外出差，等他下周回来后，我会和他见面沟通一次，这样我就能判断他是不是A类客户了。”

为什么要利用正向和反向问自己这两种方法，来判断客户是否为A类客户呢？这是因为，作为销售员，我们应该对自己的每一个客户负责。当我们与客户沟通完以后，我们要非常清晰地知道与这个客户我们谈到了什么状态，哪些是已经做了的，哪些是还没有做的。对于那些不认可我们产品的客户，我们应该知道用什么样的方式，才能让他们认可并接受我们的产品。

☑如何判断B类客户

判断B类客户的标准有以下三个。

（1）第二KP，有需求，有购买意愿

很多时候，出于一些原因，你可能无法见到企业的第一KP，但是你可以见到企业的第二KP。此时，你首先应该确定这个第二 KP 是不是你产品的使用者和受益者，并判断出他是否有购买的意愿。

如果这个第二 KP 恰好对你的产品有需求、有购买意愿，那么，他就有可能成为你的 B 类客户。

（2）能成为你的盟友，为你引荐第一 KP

判断第二 KP 是否是 B 类客户的另一个关键是，要看他是否愿意为你引荐第一 KP，并成为你的盟友。

我们跟进 B 类客户的目的，就是要通过第二 KP 的引荐，见到具有最终决策权的第一 KP，或者让第二 KP 直接帮我们搞定第一 KP。如果第二 KP 在对我们的产品有需求、有购买意愿的基础上，能够帮助我们做到这一点，那么，他就是我们的 B 类客户。

在和第二 KP 沟通的过程中，你可以使用假设成交法来假设成交所产生的收益，和他探讨如果他选择了你，他将得到什么好处，比如，他的工资能提升多少、奖金能提升多少、业绩能提升多少、他能由此晋级到怎样的职位、他未来的发展空间会有多大等；如果他不选择你，或者说没有立马选择你，他又将遭受什么样的损失，比如，他在奖金上的损失、他未来岗位上将面对的威胁等，以此来说服第二 KP 成为你的盟友，让他变成去帮你签单或者是推动签单的关键人物。

当你用数据化的东西将这些正向和反向的因素都向第二 KP 说清楚，并为他作了详细的利弊分析后，如果他认同你，并且愿意全力以赴地帮助你去说服第一 KP，那么他就是你的 B 类客户。要知道，第二 KP 在老板面前说一句“老板，我们就要做这件事情，我觉得这件事应该这么做。不做的话，对我们公司现在和未来的收益影响很大”，可能比你说十句话都要管用。

（3）可以在 20 天之内签单

如果第二 KP 有需求，有购买意愿，且愿意成为你的盟友、为你引荐第一 KP。此时，你还要判断你能否做到在 20 天之内成功签单。

通常，当第二 KP 愿意为你引荐第一 KP 后，你应该趁热打铁，尽快见到第一 KP。如果你想成为一个 Top Sales，那么你给自己的时间点就应该是三天内见到第一 KP、20 天内签单，并且最好是现场见、现场签。比如，你当天和第二 KP 聊完，而他的老板正好在公司，那你就可以请第二 KP 帮你引荐一下。因为一旦超过这个时间点，客户的热度就会下降，而热度一降，这个 B 类客户可能就会变成 C 类甚至 D 类客户。

☑如何判断 C 类客户

判断 C 类客户的标准有以下三种。

（1）产品的使用者，认可产品，需要向上级领导汇报

在拜访客户的过程中，如果你没有见到第一 KP 和第二 KP，见到的只是你产品的使用者，比如部门的总监、经理，或者某个相关的决策人和使用人，那么，这个客户就有可能是你的 C 类客户。

通常，C 类客户与最关键的第一 KP 之间会隔有两个甚至三个层级。打个比方，如果你是一个电脑销售人员，你在拜访某公司时见到了该公司的人力资源部经理，这个经理分管电脑购买事宜，但是在他的上面，还有人力资源总监和公司老板；如果他对你的产品认可，但他要确定购买电脑，还需要逐级汇报，那么，这个客户就是一个 C 类客户。

（2）对产品认可，愿意逐级汇报

和 B 类客户一样，尽管 C 类客户是产品的使用者，但是他没有最终的购买决定权。所以，要想达到销售目的，你必须通过 C 类客户见到最关键的第一 KP，或者由 C 类客户帮你直接说服最关键的第一 KP（当然，这种事情概率很小）。而这一切，都必须建立在 C 类客户认可你的产品、愿意逐级上报的基础上。

在拜访 C 类客户的过程中，你同样可以采取上文介绍的说服 B 类客户的假设成交法，来说服 C 类客户，这里不再赘述。

（3）可以在 30 天之内签单

我们知道，C 类客户是没有决定权的，如果他认可你的产品，也需要一级一级向他的上级或上上级进行汇报，并最终由第一 KP 来作决定。

在拜访客户时，搞定 C 类客户只是你工作中最基本的第一个环节。你自己必须清楚，你离签单还有多少层关系。然后按照这个层级，你可以规划好签单时间。一般来说，这个签单时间应该控制在 30 天内。

比如，你见到的是第三 KP，那么通过第三 KP 见到第二 KP

最好不要超过3天,通过第二KP见到第一KP最好也不要超过3天。算下来，你通过这个C类客户见到第一KP的时间，应该控制在9天之内。这里之所以强调3天，是因为超过了这个时间界限，你可能就会陷入一个恶性的循环，而这样的恶性循环将让你永远签不了单。

如果通过C类客户，你无法在限定的时间内见到第一KP和第二KP，或者见到了也没法在30天之内签单，那你就可以选择放弃了。毕竟，世界上的客户太多，你没必要在一棵树上吊死，浪费自己的时间和精力。

总之,掌握了A、B、C三类客户的判断方法,能够提高销售效率,避免因为对客户的判断出现失误而浪费不必要的时间和精力。

未成功签单A类客户的原因及如何避免签单失败

在销售的过程中，销售员遇到挫折、签单失败是经常性的。这需要每一位销售人员，在面对客户没有签单时，仍保持积极的心态并采取正确的应对方法。对于销售员来说，A类客户是最精准的客户，也是大家最想签单的客户，但在实际的销售中，这样的客户往往最不容易成功签单。那么，我们为什么没有成功签单A类客户，又如何才能避免签单A类客户失败呢?

☑为什么没有成功签单 A 类客户？

通常而言，我们之所以没有成功签单 A 类客户，主要有以下四种情况。

（1）第一种情况：面对 A 类客户，要么签掉，要么变成 D 类客户

面对没有签单的 A 类客户，Top Sales 的做法是：要么直接签掉，要么变成 D 类客户，不再花时间去培养。而很多普通销售员的做法却恰恰相反，他们会花大量的时间和精力继续跟进这个客户。并且实践证明，他们的时间和精力就是这样被白白耗费的。

所以，面对没有签单的 A 类客户，正确的做法是：**争取当场签单**。既然今天我们已经找到了精准客户，并且与他见面沟通了，为何不能今天就把单子签掉呢？当我们与 A 类客户见面时，可以运用这样的话术技巧：“王总，我今天过来就是想跟您把单签了，您看看您还有什么问题，没问题的话，我们今天就把合同签了。”本来这句话到了后面你也会讲，那么为何今天不讲出来呢？

（2）第二种情况：因没有见到第一 KP 而误判 A 类客户

既然没有见到第一 KP，那么你就继续约第一 KP 见面、沟通即可。如果是因为你自己的判断失误，你可以在心里忏悔反思，以避免下次再犯类似的错误。

（3）第三种情况：客户的需求是你幻想出来的

第三种情况是你认为客户有需求，而事实上客户根本没有需求，他其实就想了解一下你销售的产品而已，他的公司对产品没有任何需求。

（4）第四种情况：销售员自说自话

第四种情况是，很多销售员在与客户沟通的过程中总是自说自话，不懂得倾听客户的声音，只是不停地对客户介绍产品、介绍你的公司、介绍产品的功能，等等。作为销售员，我们要注意的是：我们是把产品卖给客户，而不是强塞给客户。

很多销售员在跟上司报告销售目标的时候，都会信心满满地说："我今天一定要把这个客户签掉。"然后带着这个必胜的决心出现在客户面前，不停地要求客户签单。

这是正确的签单方法吗？当然不是。这是最愚蠢的方法。你和客户各说各的，这样就会导致客户对你产生质疑和不认可，于是对你说："小王，不好意思，我等下还有会要开，今天我们就谈到这里吧。"

出现以上四种情况的原因就是，你使用了不正确的销售技巧。而你之所以使用这种不正确的销售技巧，源于你给自己增加了心理压力——告诉自己今天一定要把这个A类客户签掉。

那么，我们应该如何避免出现以上四种情况呢？

☑如何避免签单A类客户失败？

要避免A类客户签单失败，需要我们做好以下两个方面的工作。

（1）做好工作管理

正确签单A类客户的工作方法分以下三步来进行。

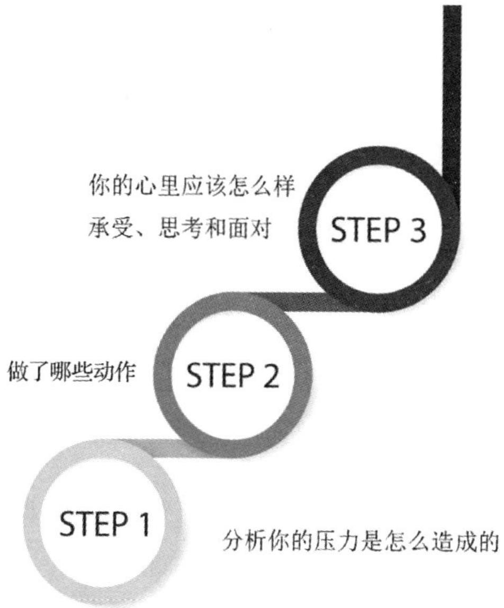

图 7-2 正确签单A类客户的工作方法

比如，当你本月的业绩没有完成时，你就会产生焦虑情绪，压力也会越来越大。这时，你需要静下心来，回顾一下：我是否已经把A类客户签掉了？然后，在系统里把所有的客户重新梳理一遍，看看哪些客户还有机会成为A类客户，哪些客户每天要保持有效的开发。

对于销售员来说，最好的工作模式应该是这样的：每天有效开发3家客户。这样一段时间后，你的系统里每天都会有A类客户。这样的工作模式，需要你每天做以下三件事情。

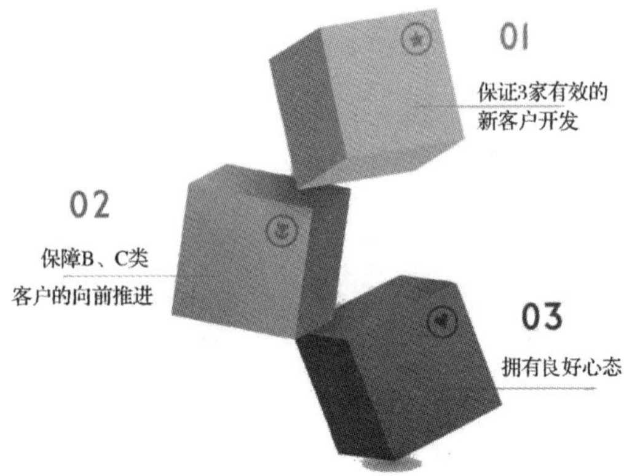

图 7-3 每天有效开发 3 家客户的工作模式必须做的三件事

如果你每天保证有 3 家有效的新客户开发，那么你每天就都有 A 类客户了。这样，你就不会在面对客户时，满脑子想的都是“今天一定要把这个客户签掉”。

我们要与客户达成交易，一定要在最后的 20 分钟里去做，而不是前面的 50 分钟里去做。很多销售员把这个顺序颠倒了。当我们在面对一个 B 类客户时，我们至少要等客户认可了我们及我们产品的价值，我们也了解了客户的需求及付款能力后，接下来才能顺理成章地签单。

（2）做好客户管理

如今，每家公司都有相关的客户管理系统。那么，我们应该如何做好客户管理呢？这里有三个技巧和大家分享。

首先，A、B、C、D 四类客户属性的管理。比如，你的客户管理系统里有 8 家 A 类客户，12 家 B 类客户，20 家 C 类客户，20

家 D 类客户，这些客户分类是需要你每天去清理一次的。很多普通销售员在清理这些客户的时候，有一种“弃之可惜，食之无味”的感觉，既找不到 KP，也约不到 KP，那么索性就让这些客户在系统里静静的“躺”着。对于销售员来说，这是一种很不好的工作习惯。

作为销售员，我们要对客户的属性进行管理。在如何对客户的属性进行管理上，我有一个原则：我的客户只有 A、D 两类客户，没有 B、C 两类客户。即便我不小心拜访了 B、C 两类客户，但没有见到第一 KP，那么在 3 天之内我也定会想办法见到第一 KP。如果我约了很多次还是没能见到第一 KP，那么我会毫不犹豫地把这个客户开掉。

当我们在做客户管理时，我们要对自己“狠”一点，这样我们才会通过结果去找方法，把我们“沉睡”的客户尽量降低在 10 个以下。如果你能做到这一点，那么恭喜你，你已经离 Top Sales 不远了。

其次，找身边的资源帮助你。做好客户管理并非易事，你可以找身边的资源帮助你。那么，谁才是你最好的资源呢？以下两类人就是你最好的资源。

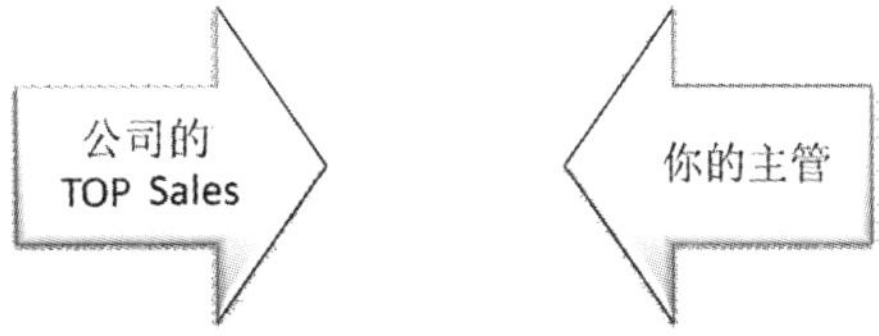

图 7-4 两类最好的资源

一类是公司的 Top Sales。在利用这类资源的时候，你可能因为某种原因不好意思说出需求，那么你可以告诉他这是一个什么类型的客户，你需要他为你提供什么样的帮助。

另一类是你的主管、经理。这类人的经验比你丰富，可以帮助你做好客户管理。

然后，你要写清楚你的拜访描述。俗话说“好记性不如烂笔头”，在实际的销售中，我发现很多销售员在写拜访描述时像是记流水账，比如“我今天见了张总，跟他聊了一下，他有意向，下次再聊”。

这样的描述对于我们做好客户管理毫无用处。我们在写拜访描述时，需要把描述写得更加清楚、详细。比如，我的一个拜访记录是这样写的：

我约好了张总。张总是公司的第一 KP，经过我跟他的沟通，我了解到他对我们产品的所有功能都比较满意，但对我们的报价是不满意的。他觉得我们的产品不值这么多钱，我们的报价是 69800 元，他觉得只值 29800 元。所以，我们在这个上面没有达成一致。最终，王总对我们的产品价值不完全认可，而我又找不到更好的办法让他认可。我们今天就在这样的沟通中结束了，说下次再寻找一个什么机会点，我们再进行二次的沟通。我的判断是，今天我在沟通的过程中，并没有把我们产品的价值跟同行去进行一个比较，我们的这个产品具体能给我们的客户带来什么样的价值，客户对这个价值认可和不认可的原因是什么？

你在第二次拜访前查看这样的拜访描述时，就会清晰地知道，你和客户上一次沟通的具体情况及你需要解决什么问题。这样一来，不仅会提高你的工作效率，还能提高签单率，可谓一举两得。

这也是我特别强调销售员需要把每一次的拜访记录描述清晰的原因。你在写拜访描述的时候，或许会多花上三四分钟，但这三四分钟带给你的结果可能是一笔价值不菲的订单。

除了以上三点之外，要做好客户管理，你还可以去找你的前辈帮忙。要知道，所有你今天踩过的坑、遇到的问题，你的前辈都遇到过。

做好客户管理对销售而言是非常重要的，你要清晰地知道你上一次做了什么，哪里做得好或不好，然后下一次要如何快速地弥补上一次的不足。

TOP SALES

8

客户跟进

如何通过 Close 100 遍提高你的签单能力？

很多销售员会开发客户，但却不会跟进客户。做销售一定要懂得跟进客户，80% 的客户和市场是在跟进中触达的。客户跟进不是天天打电话“逼单”，有技巧、有度地 Close 100 遍是客户跟进的最好方法。它不仅能帮助销售员提高签单能力，还能帮助销售员提高成交效率。

为什么说 Close 100 遍是一种快乐的签单方式？

没有成交，何谈销售？销售是以结果来论英雄的，不能成交，一切都是空谈。成交是每一次销售活动的终极目标，销售员只有与客户签单成交，前期的努力才会变得有意义，艰辛的工作才能得到回报。

签单的技巧有很多种，每一种技巧带来的结果又不一样。那么，有没有一种方式能够做到当你提出签单时客户内心不是拒绝的，而是开心地、心甘情愿地签单呢？

当然有。那就是 Close 100 遍（完成销售、与客户签约的有效技巧和方法，可理解为“尝试签单 100 遍”或“多次、不断地尝试签单”）。对于销售员来说，Close 100 遍不仅能提高你的签单率、工作效率，而且是一种快乐的签单方式。为什么这样说呢？下面我们先通过我亲身经历的一个真实案例，来了解一下 Close 100 遍的好处。

一天，我去拜访一家外贸企业，在与该企业的老板沟通之后，我了解到该企业有需求和付款能力，阻碍成交最大的问题是：该企业的老板有一个亲戚之前是我们的客户，但在使用了我们的服务后，没有达到预期的效果，这使得该企业的老板迟迟不愿签单。

了解到这一情况后，我对该企业的老板说：

此产品非彼产品，您的产品是市场上的热门产品，所有人都有机会购买。这与您亲戚的产品是不一样的，他的产品做得不好，不代表您的产品也做得不好。

我之所以使用这样的话术技巧，是为了打消他对亲戚使用我们的产品后效果不好的顾虑。紧接着我又对他说：

根据我的分析，您做外贸很多年了，而且做得非常成功。我相信您来做这项业务拓展的话，您成功的概率比一般公司要高很多。所以，您不要把别人的不成功运用到自己身上，这样对您是不好的。您的产品是不一样的。这就好比能力强的企业和能力弱的企业相比，能力强的企业获得成功的概率肯定会大一些，您同意我的观点吗？

听完我的话，客户肯定地点了点头。我接着说：

既然您同意，那我们今天就把这件事定了，把单签了。

客户一听我说签单，立刻说道："那怎么可能呢，我们今天才第一次见面，哪有这么快就决定的。"我回道：

既然您同意我的观点，那我能问一下您，为什么不能今天把单签了吗？

客户说："总要让我考虑一段时间吧？"我继续 Close：

您考虑什么呢？您现在还要考虑的话，以后无非有这样几种情况：第一，我回去后联系您，您说您还没考虑清楚；第二，我再一次给您打电话，您告诉我您还没考虑清楚。这样，我以后肯定就不会再联系您了，我认为您没有购买的打算，于是不再跟进您这一单了。这样吧，我现在跟您算一笔账，让您看看和我们合作有哪些好处。

说完，我拿出一张 A4 纸，边说边给他算账：15（订单数量）×15 万美元（一个订单的单价）×20%（利润率）=45 万美元。当我算完以后，我对客户说：

我今天是拿着 45 万美元跟您谈的，如果您不签的话，您将每个月损失 45 万美元。

客户看完我的账目，摇着头说："不是你这样算的。"我说：

那我们再按照您的理解算一遍？

这时正巧到了要吃午饭的时间，客户想逃避似地说："我要吃午饭了，我们以后再谈。"

听到客户这么说，我想要是今天不把这个单签掉，以后他就是

D 类客户了，所以我今天一定要把他签掉。于是，我对客户说：

您先等一下吃饭，既然您不认可我的计算方式，那我再给您算一下。

然后，我又拿起一张 A4 纸，算完拿给客户看，他说不是这样的。我又拿一张，再写一遍拿给他看……就这样，我大概写了 30 张 A4 张后，客户说："我签了，我签了。你太厉害了，本来我都没有考虑过今天要跟你签合同的。"我说：

我也没有考虑跟您签合同，是因为您的产品好，能力又强，所以我告诉我自己，今天必须帮您一把，要不然我失败了，您也失败了。

这个案例至今回想起来，仍然历历在目。后来我把这个案例分享给了我的助理，有一天，他兴奋地打电话跟我说："您的 Close 100 遍的技巧太厉害了。我从早上 9 点见到客户，与他沟通后，一直不断地 Close，在下午 5 点左右的时候终于把单签了。"

瞧，这就是 Close 100 遍的好处。我通过 5 个小时不断 Close，成功地拿下了订单；我的助理通过 8 小时不断 Close，也成功地拿下了订单。

总结起来，Close 100 遍至少有以下四大好处。

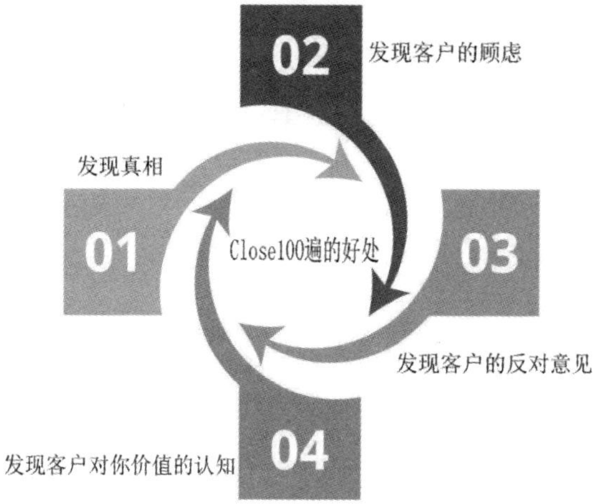

图 8-1 Close 100 遍的四大好处

当然，你可能会提出质疑说：有的客户确实是第二次才签掉的。是的，我承认有这种可能。但作为销售员，我们不要把第二次签单作为一种工作习惯。如果你的大部分客户是通过第二次拜访、第三次拜访，甚至更多次拜访才能签单的，那只能说明你的能力不够。你需要提升和训练你的销售能力，否则，你也难以成为 Top Sales。

在 Top Sales 的世界里，能一次签单的，决不接受第二次。要么签掉，要么开掉，只有这样，我们的工作效率才能提高 5 ~ 10 倍。

从 Close 100 遍的上述好处可见，它才是一种快乐的签单方式，是我们每一个销售员都应该学习的签单技巧。

如何利用 20 分钟的“逼单”拿下订单?

在本节中，我将具体讲解如何利用 Close 100 遍，提高你的签单能力、工作效率和成为 Top Sales 的基本能力。

☑为何要 Close 100 遍?

对于想成为 Top Sales 的销售员来说，一定要学会如何 Close 100 遍。因为只有 Close 100 遍，你才能把客户所有的问题都问出来，比如：客户是否认可你产品的价值、是否认可你、是否有其他顾虑……然后，印证式地解决所有阻碍我们成交的问题。

当你一直在与客户 Close 时，无非有以下两种情况。

一是客户被你“征服”。如果你有强大的力量和坚定的信念，也找对了 KP，那么，沟通完以后，你就可以帮助客户作一个签单的决定。记住，大部分情况下，客户是不会主动跟你说签单的。你需要全力以赴地尝试签单，这样不仅能提高你的工作效率，也可能会让客户感到沟通很愉快。

在实际的销售中，我发现很多销售员到了签单环节，不敢持续提出签单，认为这是在骚扰客户。其实，这是一种不自信的表现。作为销售员，我们要有勇气持续提出签单。哪怕不成功，你也有了相应的经验，在下次的销售过程中可以避免发生同样的情况。

二是客户拒绝。很多情况下，你与客户的沟通进度就好比已经把水烧到了 95 摄氏度，你一直在向客户提出签单，客户也一直在拒绝你。这时你说："好吧，那我就不逼客户了。"就是这样一句话，你可能又丢掉了这一单。

在销售中，把水从 95 摄氏度烧到 100 摄氏度是一个艰难的过程。有时候差一步就可能成功，但人往往在最后一步的时候，容易放弃。很多时候，客户只是一种习惯性的拒绝。作为销售员，我们要慢慢地引导客户，打消客户的疑虑。必要的时候，我们甚至可以点一把火，让水烧到 100 摄氏度，达成签单。

除此之外，在面对客户的拒绝时，还有一个秘笈，这个秘笈就是用"先死而后生"的方式，去持续地提出签单。当你在 Close 100 遍的时候，你就要抱着一种"必死"的心态，要么今天签掉，要么直接开掉。如果今天不能签掉，那么对方就不是 A 类客户，回去之后就直接把他归纳在 D 类客户里。

与其离开客户后产生懊悔、沮丧的情绪，不如让自己痛快一回。Close 100 遍，不成功便成仁。试想一下，如果你连 Close 100 遍的勇气都没有，你又如何提升业绩呢？

☑ Close 100 遍的正确话术技巧

我们已经知道了为何要 Close 100 遍，那么，我们该用什么样的话术技巧去 Close 100 遍呢？

首先，我们需要回想一下，当我们向客户提出签单的要求时，客户的反应是什么？通常情况下，大部分的客户会说："我考虑一下。"这时，你会怎么说呢？根据我多年的观察，大致有以下三种反应。

第一种，大部分普通销售员会说："那好吧，您考虑一下。"这是一种最糟糕的反应。

第二种，有的销售员会说："王总，您还考虑什么呢？"相对于第一种反应，第二种反应会稍好一点，但语气往往会让客户产生反感，所以这也不是最好的反应。

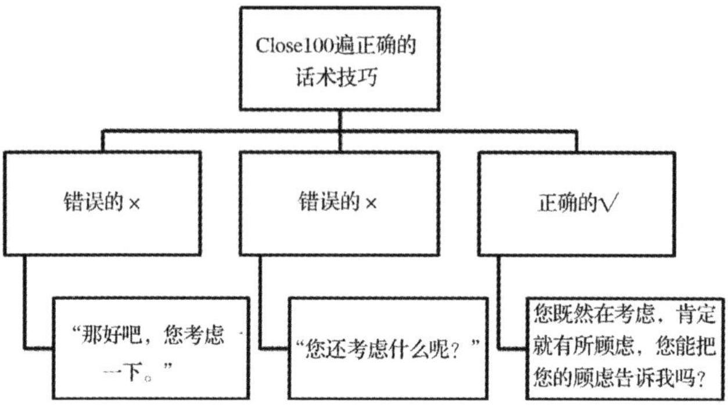

图 8-2 Close 100 遍的正确话术技巧

第三种，Top Sales 会说：

> 王总，您在担心什么呢？您既然在考虑，肯定就有所顾虑，您能把您的顾虑告诉我吗？这样我们今天就可以讨论一下。

这时，出于一种"第一次见面不可能就签单"的惯性思维，大多数客户会说："你总不能让我今天就签单吧。"Top Sales 会说：

王总，您看您也认可我们产品的价格和价值，那么您到底在担心什么呢？如果没有什么担心的话，为了提高工作效率，那我们就把这件事情定了。您是一位成功的企业家，如果说今天车间要等着这个原材料去做产品的话，您会不会考虑？您肯定不会考虑嘛，您肯定会马上说赶紧采购，赶紧下单。现在您说要考虑一下，是因为您觉得这件事情没有必要这么快。如果现在您签单了，那么我们就可以马上进入下一个环节，这样您就可以提前实现利润。您要是不这么做，您是不是会有损失呢？您看我们就差最后一步了，我们今天就把它签了吧。

客户可能会说："你讲得很好，但这段时间我们账上的钱不多，我要等到那批货款进来，才有钱来支付。"

到此为止，Top Sales 知道客户不愿签单的原因是现在没有资金。那么，这是不是就意味着要放弃签单了呢？非也！Top Sales 会接着说：

王总，那您大概什么时候资金会到账呢？

客户说："我今天已经了解了你的产品，如果可以的话，这个月我会把这个事情定下来。但你们的产品是不是贵了一点？能不能给我便宜一点？"

当客户尝试跟你讨价还价的时候，就说明客户有需求。这时，我们需要做的就是与客户讨论你的产品的价值，让客户认可你的产品的价值。

除了讨价还价，当你在向客户提出 Close 时，客户还可能会说：“我们今天聊得很好，但我还需要与董事长商量一下，董事长这几天不在公司，我要等他回来以后，与他商量一下。”当客户这样说的时候，你就明白了他不是第一 KP，这时你需要跟对方进一步了解一下。你可以这样说：

您感觉我们的产品怎么样，如果是您，会优先选择我们的产品吗？

如果客户说：“根据我的了解，你们的产品虽然贵了点，但值这个价格。如果是我，我会选你们的产品。”这时，你要继续问：

那依您对王总的了解，他会听从您的建议吗？

客户说：“他应该会听从我的建议的。”这时，你就知道他是一个 KP。知道这一点并不算完，你还要继续了解。你可以问对方：

如果您与董事长聊完以后，最后的结果是不选我们，那您觉得最大的原因可能是什么？

客户说："如果不选你们的产品，最大的原因可能是性价比。到时候可能需要你再来一趟，我们要把这个价值传递给董事长。"这时，你就知道下一次拜见客户需要做什么事情了。

事实上，销售如同做侦察工作，即使今天我们不能成功签单，我们也要想办法向对方了解，我们的问题出在哪里。这样一来，下次再去拜访的时候，我们就能把问题解决掉了。

如何判断客户的真实需求和拒签原因？

生活中常常会出现这样的情形，妻子对丈夫说："亲爱的，我想喝水。"这句话表面上听起来，妻子的需求是水，实际上，她的问题却是"我渴了"。此时，丈夫只需要给妻子一杯可以解渴的饮品就可以了，不一定非要是水。

再如，男孩向女孩表白，女孩拒绝说："我们不在一个地方，距离那么远，而且文化差异也很大。"这句话乍一听，女孩提出拒绝的原因似乎是距离太远，实际上，真正的核心问题是男孩并没有走进女孩的内心。

在销售中，类似的情景也经常发生。比如，当客户说："再便宜点我就买了。"表面看，客户是在嫌贵，实际上，这很可能只是他拒绝签单的一个借口。此时，如果我们对客户真实的需求和拒签原因判断失误，就很可能会错过潜在的签单机会。

我在阿里巴巴的时候，曾带过一个销售员。有一次，这个销售员在汇报工作时告诉我，他的某个客户已经谈得差不多，就是卡在了价格上，他准备给客户打折。我便问他：“你确定是价格原因吗？”

他十分肯定地告诉我，这个客户已经跟了很久了，客户对其他方面都很满意，唯独对价格略有疑虑。然而，根据我的判断，这位客户之所以这么久没谈下来，绝不是价格原因。于是，我建议他先通过一个小测试去弄清楚客户真正的拒签原因。我让他去告诉客户，他已经向领导申请了更优惠的价格。如果客户当场签约了，就说明客户确实在乎价格；如果客户仍然在犹豫，就说明客户另有拒签原因。

后来，这位销售员按照我的方法做了。事实证明，客户拒签的原因果然不是价格。

相信在销售中，许多销售员都曾遇到过类似的问题。通常，在Close时，客户都会给出各种各样的拒绝理由。这些理由中，有的是真实的，有的是非真实的。如果销售员不去进行理性的分析和判断，那么签单就会受阻。

那么，销售员在Close时，究竟应该怎样去判断客户的真实需求和拒签原因呢?

☑四大问题，问出客户的真实需求

要判断客户的真实需求，我们首先应该找出客户的痛点。痛点的背后往往就是需求。比如，某人的痛点是赚钱太难，那么他的需求就可能是希望赚钱更容易；再如，某人的痛点是市场上难以买到好的包子，那么他的需求就可能是想吃好的包子。在销售中，挖掘客户需求的过程，实际上就是寻找客户痛点的过程。只有找准了客户的痛点，才能进一步提炼出客户的真实需求。如果痛点找错了，那么需求自然就会提炼错。

在销售中，客户一定都知道自己的痛点，但并不是每一位客户都愿意主动说出自己的痛点，或者能说清楚自己的痛点。而我们也不可能一上来就问客户："您的痛点在哪里？您的需求是什么？"所以，更好的办法应该是通过提问，引导客户说出自己的痛点，然后再根据这些痛点，提炼出客户的真实需求。我在阿里巴巴的时候，我们曾设计出了**四大开放式的结构化问题，专门用于寻找客户痛点。**

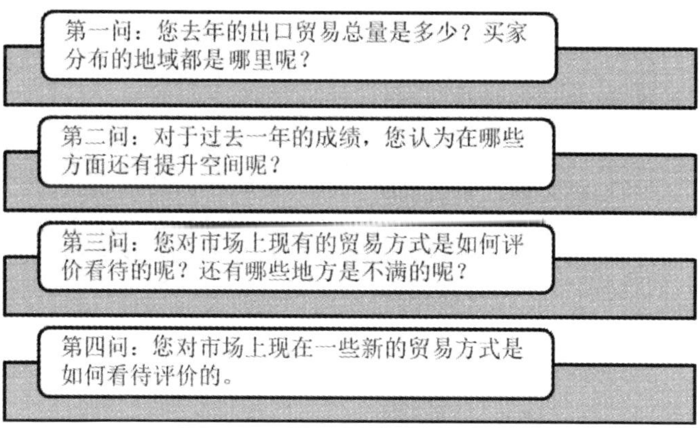

图 8-3　寻找客户痛点的四大开放式的结构化问题

通过图 8-3 所示的上下关联、环环相扣的问题，基本上就可以锁定客户的痛点范围了。比如，客户究竟对哪一方面不满意？是业绩还是用户数量，是市场规模、品牌、团队还是贸易形式？

一旦确定客户的痛点，你就可以根据这个痛点去提炼客户的真实需求了。然后，再根据这个提炼出来的需求，拿你产品的某些特点和功能去做有效对应的介绍。在阿里巴巴，这个过程又被称为抛产品。而这个抛产品的过程，实际上就是解决客户问题和满足客户需求的过程。

☑所有拒签问题的背后隐藏的其实都是信任问题

中国人说话讲究文雅含蓄，这一点在销售中体现得淋漓尽致。当销售进入了 Close 的关键阶段后，客户总会含蓄地抛出各种问题，拒绝签单。通常，这些拒签问题又可以归纳为以下四大类。

（1）战略问题

例如，在我们公司最近的战略部署里，可能这一部分还不是重点。

（2）策略问题

例如，我们公司在业务上刚刚做了一个调整，可能现在还不是最好的时机。

（3）团队问题

例如，我们目前的团队架构还不完善，人手不够，资源匹配也不是特别到位。

（4）价格问题

例如，我们没有这个预算，你的价格太贵了。

许多普通销售员，总是很容易被这些表面的拒签理由所蒙蔽，认为客户提出问题就意味着没有签单机会了。事实上，从人性的角度而言，当客户以某个问题为借口而拒绝签单时，他其实是在给你机会。因为客户的每一个拒签问题，实际上都在向你传达一种信息，而这种信息背后又往往蕴藏着一个共同的真实拒签理由：**缺乏信心。**

大多数时候，客户之所以抛出以上四类问题，都是因为他们还没有足够的信心去作签单的决定，他们的潜台词往往是：我对你没有信心；我看不到收益期望；我认为这个决定是有风险的。

在面对客户的这些拒签问题时，我们最好的解决方案不是放弃 Close，更不是就事论事，正面地去解决问题，而是要采取反面解决问题的方式，通过解决那些客户所提出来的具体拒签问题，去解决隐含在这个具体问题背后的核心问题——信心问题。点燃客户内心的信心火苗，让他们痛快地作出签约决定。

比如，当客户提出了价格问题时，你可以这样反问客户："您认为多少钱合适呢，我可以给您打个折？"通过这样的方式，去做一些回转，也给客户更多的信息支撑，彻底解决问题，促成签约成功。

Close 100 遍的根本是切实解决客户的签约问题。在这个过程中，你只有掌握了客户的实际需求，并找到客户拒签问题背后的真实原因，才能做到有的放矢，见招拆招，更好地说服客户，最终让客户心甘情愿地当场签单。

客户跟进：三分靠说，七分靠听

《功夫熊猫》是大家都很熟悉的一部电影。在这部电影里有这样一个桥段，主人公阿宝怀揣着大侠梦想上山拜师学艺，结果师父刚开口没说几句，阿宝就抢过话筒，噼里啪啦自说一通，师父们的话一句也没听进去，武功也没有一点长进。

在销售中，也有很多和阿宝一样的销售员，他们非常能说会道。尤其是在 Close 环节，往往滔滔不绝、侃侃而谈，丝毫不顾及客户的感受。这样的 Close，往往达不到良好的效果。也就是说，当我们在跟进客户时，尤其是在 Close 的关键时刻，我们不仅要会说，更要会听。真正的 Top Sales，既懂得如何去说，更懂得聆听的重要性。

那么，聆听究竟对 Close 有什么作用？在客户跟进的过程中，我们又应该怎样去聆听呢？

☑聆听的三大好处

在客户跟进的过程中，聆听所带来的好处主要表现在以下三个方面。

（1）帮助你更深入地了解客户

聆听是你了解客户的最好途径。只有通过聆听，你才能更深入地去了解客户背后的一些情况。比如，客户公司的产品种类，客户公司的发展情况和业务状况，客户的实际需求等。这样，你在Close 时才会更有针对性。

（2）引玉之砖

通过聆听，你会知道你所面对的客户过去在业务上的一些推广形式和推广预算，包括他们今年的业务目标、去年的目标完成情况以及竞争对手的整体情况。这些对于你挖掘客户信息、向客户抛产品，都是非常有帮助的。

（3）促使你和客户成为长期合作伙伴甚至朋友

在社交学里有一个非常重要的观点：友谊的建立靠的是隐私的累积。也就是说，你对一个人了解得越多，你们成为朋友的概率就越大。

通过聆听，除了可以获取一些与业务相关的信息，你还可以了解一些客户的个人生活情况，比如他的家庭背景、子女情况、过往经历、对生活和职业的未来规划等。而在这样一个互相了解的过程中，你和客户的距离也会不断缩短，你们成为长期合作伙伴甚至朋友的概率就会增加。

总之，聆听是你 Close 时的重要武器，学会了聆听，你的Close 才会事半功倍。

☑聆听的五大技巧

许多销售员并非不明白聆听的重要性，只是在实际的销售过程中，不知道应该如何去聆听。的确，作为了解客户更多信息的一种重要手段，聆听也是需要一些技巧的。总结起来，主要有以下五大聆听技巧。

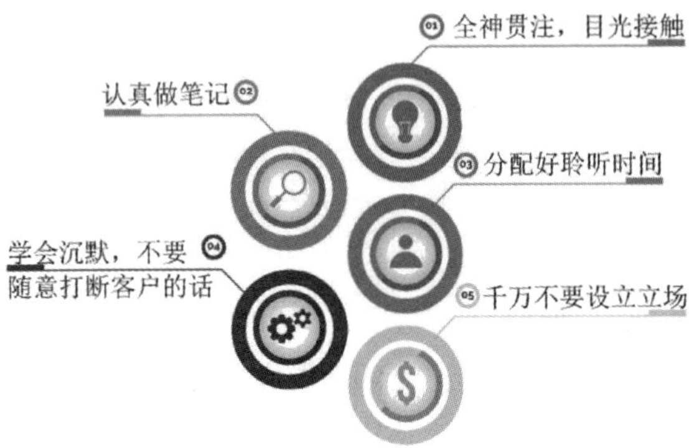

图 8-4 聆听的五大技巧

（1）全神贯注，目光接触

从某种层面来说，聆听其实就和“间谍行动”一样，需要全神贯注，需要仔仔细细听客户所讲的每一句话、每一个字，并观察客户的每一个动作和每一个眼神。只有这样，你才能更好地掌控 Close 的节奏。

此外，当你在和客户沟通时，你的双眼一定要始终盯着客户两眼之间的眉心，并且和客户有目光的接触。从科学的角度来说，这样做能够营造出最好的眼神氛围。

许多普通销售员在聆听客户讲话的过程中都没有做到这一点，他们要么眼神飘忽不定，要么心不在焉。旁边稍有动静，注意力就转过去了；听到电话响，和客户说声“稍等”，就出去接电话了。

事实上，这些都是非常不礼貌的行为，而且会对后面的 Close 和签单造成非常不利的影响。要知道，你思绪飘忽的那一瞬间，很可能就会错过客户所传递的一个重要信息；你打完电话回来，客户很可能就失去了继续谈下去的兴致。

总之，在聆听的过程中，千万不能开小差，要保持注意力的高度集中，并且事先将手机调成静音。只有时刻保持专注，你才能营造出更好的销售氛围。

（2）认真做笔记

俗话说："好记性不如烂笔头。"在聆听的过程中做好笔记，将客户提到的关键信息记录下来，有助于我们在回去后更好地整理和消化谈话的内容，为下一次的预约和拜访做铺垫，也代表着对客户的一种尊重。

需要注意的是，在做笔记的过程中，不要忘了时不时地去和客户做一些眼神和肢体上的互动。比如，当客户谈到某个话题的时候，你可以身体向前倾、微笑点头，表达你很认同客户。

（3）分配好聆听时间

关于聆听时间的分配，过去我在阿里巴巴的时候，我们有一个"三七"的概念。也就是说，在和客户沟通的过程中：销售员说 30%，聆听 70%；客户说 70%，听 30%。这个时间分配的方式，是阿里巴巴总结了众多销售员的销售经验得出来的。而根据我自己的经验，发现在一对一的沟通和拜访过程中，如果销售员说话超过 50%，那么签单概率就会降低。

（4）学会沉默，不要随意打断客户的话

许多销售员在聆听时都会有这样一个坏毛病，客户的话还没有说完，就去打断他。其实，这是一种非常不礼貌的行为，很可能会让客户产生反感，从而错失成交良机。

所以，当你在聆听客户讲话时，一定不能轻易打断客户。即便是客户谈得嗨了、谈跑题了，你也只需适当地去抛出几个词把他引导回来。

（5）千万不要设定立场

在聆听的过程中，千万不要设定立场。即便你对客户的观念并不认同，也一定不要站到客户的对立面。要明白，你只是针对某个问题和客户进行一个探讨，而且这个探讨并不需要立马就下结论。一旦你设定了立场，你后面整个的销售思路和销售过程就会发生变化，这对 Close 是十分不利的。

此外，在聆听的过程中，你还要带着思考去听。除了记住客户所说的话外，你还要对客户的话进行分析，并学会保持沉默。其实，保持沉默在整个 Close 的过程中都是非常有用的。比如，当我们还没有想好要怎样去应对客户提出的某个问题时，就可以沉默几秒钟，把球完美地踢给客户，让客户继续往下说，给自己留足时间。等我们考虑清楚了，再就客户的问题进行回应。

聆听是一种重要的沟通方式，人与人之间的沟通，通常是从聆听开始的。俗话说：祸从口出，服从心来。无论在销售中还是在生活中，要想学会沟通，都得先学会聆听。

TOP

SALES

9

客户签约

如何踢好临门一脚，促进销售完美收官？

销售是一场拉锯战，越到最后，越不能松懈。在销售的过程中，前面做的所有努力和铺垫，都是为了最后的临门一脚——签约。正所谓“临门一脚定江山”，即便销售的过程再顺利、再完美，即便你和客户沟通得再顺畅、再愉快，签约失败了，销售便失败了。只有用对成交方法，瞅准签约时机，一击即中，成功促成签单，销售才算完美收官。

用对成交方法，助你快速签约

在签约之前，提出成交这一步究竟有多重要呢？

在阿里巴巴做销售管理工作的时候，我每周都会和销售部门的同事就销售分类未签约的 A 类和 B 类客户进行深度分析。我们发现，大部分销售员在前面的销售阶段都没有太大问题，之所以没有取得销售成功，主要是败在了销售的临门一脚上。结合我自己多年一线销售及销售管理的工作经验，我发现，至少有 50% 的客户流单是由于销售员不善成交和成交不及时造成的。

讲到签约前的提出成交步骤，许多销售员或许会有这样的疑问：签约之前为什么要先提出成交呢？不提出成交就不可以签约了吗？

在我刚从事销售工作的时候，也曾发出过这样的疑问。如今，对于这个问题我已经有了十分笃定的答案：**不提成交的确也能成交，但那样的成交会让我们错过更多的单子。**

打个比方，假如你喜欢一个女孩，并打算追求她，此时，你有两个选择：一是直接告诉她，二是不告诉她。那么，哪种方式的成功率更高呢？

很显然是第一种。原因很简单，率先表达出喜欢之后，你无非会收到两种反馈：接受或者不接受。而接受又分为两种：一种是直接说好，一种是默许。从这个逻辑上说，她只要没有说不喜欢你，哪怕她拒绝了你，也还是在给你机会。

反之，如果你不告诉他，那么对方将永远不知道你的心思和意图，你和她进行的沟通就是无效的沟通。

同样的，在销售的过程中，如果销售员不主动去发出成交的信号和表达想成交的意愿，就可能会给自己带来三个方面的负面影响。

一是错失沟通机会。销售最关键的就是获取和把握沟通机会。只有客户愿意听你说、愿意跟你聊，你才会获得机会。反之，如果客户并不知道你的真实意图，就很容易找各种理由或借口来回绝你。此时，即便你有一身武艺，也会无力施展。

二是错失成交机会。提出成交就是为了争取到最后的签约机会。如果你事先不发出成交的邀请，而是搞突然袭击，那么就很容易会引发客户的抵触，并因此而错失成交良机。

三是错失信任机会。不管你曾经花了多少时间和精力与客户建立起了信任，在漫长而毫无意图的沟通中，这种信任都会消失殆尽。

总之，在销售的过程中，越早提出成交要求，发出成交offer，对销售越有利。那么，销售员应该怎样提出成交呢？下面介绍四种有效的成交方法，它们分别适用于四种不同类型的客户。

☑谈话式成交法

谈话式成交法的核心法则就是**利用逻辑去成交**，这也是四种成交法中最难的一种，它主要适用于不擅长作决定、更喜欢被带着走和顺其自然的无尾熊型客户。

谈话式成交法对销售策略的结构化设计要求非常高，在采用这种方法时，销售员的逻辑一定要严密，思路一定要清晰。要提前设计好销售步骤，一步步将客户引向签单，并且每个步骤之间的衔接要自然。此外，谈话式成交法的每一个环节和步骤，都必须得到客户的认同和确认，而不能是销售员自己自圆其说。

通常，谈话式成交法可以按照以下步骤进行。

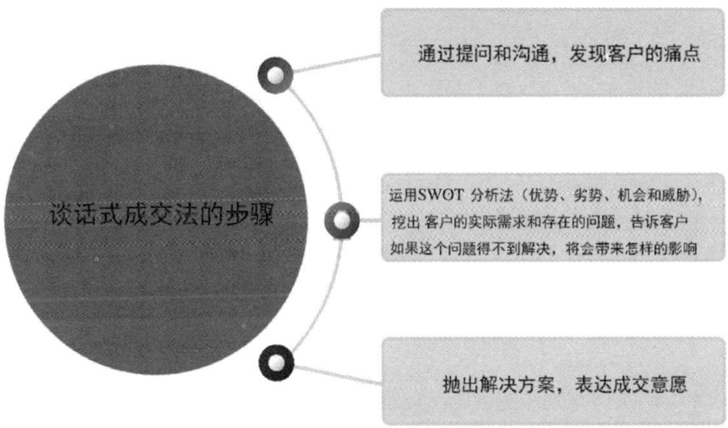

图 9-1 谈话式成交法的步骤

首先，通过提问和沟通，发现客户的痛点；

其次，运用 SWOT 分析法（优势、劣势、机会和威胁），挖出客户的实际需求和存在的问题，告诉客户如果这个问题得不到解决，将会带来怎样的影响；

最后，抛出解决方案，表达成交意愿。

在谈话式成交法的运用过程中，需要注意两个问题。

其一，成交只是最后阶段的谈话，必须要衔接得天衣无缝，让客户感觉顺其自然、理所应当。

其二，成交前期的铺垫和准备工作一定要做足，时机不到，千万不要出手。

☑直接成交法

直接成交法的核心原则是**利用公式去成交**，通俗来说就是勇敢地、大胆地、持续地向客户提出成交，发出成交 offer，以达到签约的目的。这种成交方法简单粗暴、直截了当，不喜欢拖泥带水和绕弯子，喜欢做决策的老虎型客户最适用于直接成交法。

同时，直接成交法也是目前使用最广泛的一种成交方法，许多 Top Sales 都是直接成交法的运用高手。

直接成交法始终是围绕“成交”进行的，这就要求销售员本身一定要熟练掌握业务，并具有很强的问题及危机公关处理能力。通常，驾驭这种方法的销售员都是经验比较丰富的老兵，新人在使用这种方法时必须要经过大量的训练。

一般来说，在使用直接成交法时需要注意以下三点。

第一，一定要持续不断地发起进攻并坚持到最后一刻。比如，你前面提了三次成交，客户都拒绝了，如果你因此而放弃，那就会彻底失去机会。相反，如果你再坚持一下，也许第四次就成功了。很多时候，销售的成败往往就取决于你是否多坚持那么一下。

第二，只要感觉时机到了，随时都可以提出成交；哪怕时机未到，你也可以试一试。

第三，面对客户的拒绝，不要气馁，更不要逃避。正所谓“兵来将挡，水来土掩”，要始终牢记客户拒绝你时，反而是给了你沟通和解释的机会。

☑假设成交法

假设成交法也称为假定成交法，其核心原则就是**利用细节成交**，即主张通过假设已经与客户达成合作或即将合作，并就合作细节进行沟通，以此来避开客户所关注的某个核心问题，或者避开那些关联性和概念性的话题，从而促成签约。通常，喜欢交际、积极活跃、爱成为焦点的孔雀型客户，最适用于假设成交法。

假设成交法具有以柔克刚、以静制动的优势，十分适用于处理反对意见。这种方法的聪明之处就在于，能够巧妙地利用细节话题去试探客户的成熟度和意愿度，做到润物细无声，既不会显得生硬，也不会造成尴尬，哪怕不成功也不会影响整个销售节奏。比如，当客户抱着某个问题死咬不放时，你就可以运用假设成交法声东击西，直接避开这个问题，或者直接深入探讨这个问题背后的细节话题，以此来默许你们已经合作了。此时，如果客户愿意与你进一步沟通，就说明客户有合作的意识；反之，就说明客户还没有准备好。

假设成交法也是四种成交方法中最依赖于技巧的，它对销售员的细节捕捉能力也有很高的要求，能驾驭这种方法的销售员一般都是极其成熟的销售高手。

在运用假设成交法时，最重要的一点就是要根据业务和产品特点，设计出假设成交将会涉及的细节问题。这些问题可以没有标准答案，但一定要是客户可以回答出来的，并且要根据客户的反应及时作出策略性的调整。当然，设计细节问题的目的在于抛出成交需求，所以，销售员也不能沉迷于细节问题本身。

☑衡量式成交法

衡量式成交法特别适用于对数据敏感、喜欢思考的猫头鹰型客户，其核心思想就是**对自己销售的产品或服务进行提炼和总结，用价值论将其表现出来，形成一张价值表，并利用价值对比去引导成交**。即，通过给客户算账，让客户能够清晰地看到合作后可能给他带去的价值，比如使用了产品后，一年可以节约多少成本、提高多少收入等，最终促使客户做出成交决定。衡量式成交法也是我个人比较推崇的一种成交方法。

在使用衡量式成交法的时候，需要注意以下两点。

第一，你呈现给客户的价值必须是一个可量化的、精准的数字，而不能是概念。算账的时候，最好直接拿出纸和笔，当着客户的面一笔一笔地算给客户听。这是因为，算账的过程其实也是观察客户的最佳时机。

第二，你必须对使用前的效果和使用后的效果进行一个对比，让客户在对比中更直观地看到价值。

以上即为四种常用的成交方法。需要注意的是，不论哪一种方法，都是从实战中沉淀积累和提炼总结出来的，而不是空想设计出来的。要想熟练掌握它们，必须学以致用，在实践中不断去摸索和训练。

把握时机，让签单变得顺理成章

销售的终极目标是为了签约。在销售的过程中，销售员需要不断地去与不同的人交往、交流，经历无数次的拒绝和挫折，甚至面对客户的有意刁难和不近人情，这一切都是为了签约的那一刻。正如参加高考的学生一样，考上大学的那一刻，才能证明所有的努力没有白费。对于销售员而言，签约成功的那一刻，才能说明前面经历的万般辛苦都值得。

但是，在实际的销售过程中，我发现许多销售员非常努力，表现也接近完美，却因为在临门一脚的关键时刻没有把握签约时机，或没有注意签约细节而功亏一篑，实属遗憾。

为了避免这种情况的发生，在这一节中，我将详细给大家介绍一些判断签约最佳时机的相关知识，并和大家聊一聊签约过程中应该遵守的商务礼仪。

☑签约的三个最佳时刻

要做成一件事，缺不了天时、地利、人和，与客户签约也要看准时机。这就好比两个人谈恋爱，选择在合适的时候说出“我喜欢你”这句话至关重要。签约时机选对了，签约就能事半功倍。一般来说，当客户出现以下三种表现的时候，就证明最佳的签约时机已经到来。

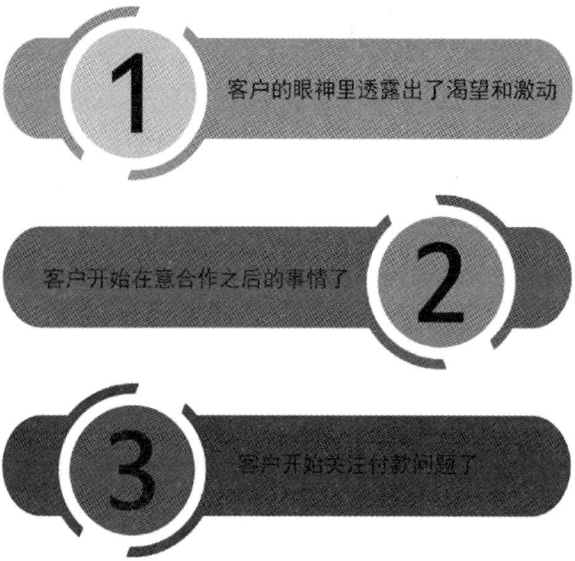

图 9-2 签约的三个最佳时刻

（1）客户的眼神里透露出了渴望和激动

当你在和客户交流的时候，如果聊天的氛围很好，最后的 Close 也进行得很顺利，客户基本没有什么问题了，并且通过观察客户的面貌，你发现客户是喜悦的，或者客户对你的产品和话语有明显的兴趣，或者客户眼神里透露出了渴望和激动。此时，就说明你们最佳的签约时机已经到来，你可以趁热打铁地对客户提出签约，比如："王总，要不我们今天就把它签了吧！"

（2）客户开始在意合作之后的事情了

当你在对客户进行 Close 的时候，你发现客户的言语之间已经开始在意起合作后的事情，比如，客户开始问一些诸如售后服务等合作之后的问题时，就意味着最佳的签约时机已经到来。此时，你可以顺着客户的话题进一步展开，并且巧妙地提出签约。

（3）客户开始关注付款问题了

在和客户沟通的过程中，如果你发现客户已经将话题引向了付款方面，比如，款怎么付、什么时候打款等，就说明客户已经对签约默认了。他实际上是在向你发出一种信号：我是有兴趣和你合作的。此时，你就可以顺势提出签约了。

以上签约的三个最佳时机，在销售员和客户谈判的过程中至关重要，需要销售员不断总结、实践和准确把握。

总之，签约的细节非常重要。销售员在签约的过程中，一定不能抱着"到了签约这一刻，就可以高枕无忧"的想法。在实际的销售过程中，因为一个细节没有到位而导致签约失败的案例比比皆是。记住，不到客户签字落笔的那一刻，千万不要松懈。

TOP

SALES

10

知行合一

如何做到理论结合实践，持续签单？

方法学得再多，理论掌握得再好，如果不转化成行动，只能是一纸空谈，Top Sales 和普通销售员之间最大的差距，便是知行合一。在这个多元化的信息时代，我们学习和获取理论知识、前辈经验的途径很多，而如何将这些学习所得，运用到实践之中，转化为实际能力，才是最大的挑战和最重要的事情。

学会反思：知晓了方法，还要警惕自己“行”错方向

在现实的销售中，我常常会听到销售员抱怨：为什么我付出了那么多的努力，可还是不如别人赚的多？

我们在工作中经常会看到有那么一种人，他们知晓销售方法，工作也兢兢业业、勤勤恳恳，像头埋头耕地的老黄牛，但是到了月底，业绩却不尽人意，签约也总是不顺利。面对这种情况，销售员就应该反思一下，自己是不是“行”错了方向？

经过我多年的观察，我认为之所以会出现这样的问题，主要源于以下四大原因。

☑不好学

有很多销售员，一直苦于自己没有销售能力而无法提高业绩。既然你没有销售能力，那你就应该去向你所在行业的 Top Sales 学习，向他们学习销售的心法、方法、策略、精神、心理、话术技巧等。

☑惰性

比如，你计划今天要拜访 6 家客户，而你却只拜访了 3 家。这就好比许多人减肥一样，每天都想跑完 10 公里，却往往只跑到 4

公里就放弃了。这是人的惰性使然。

☑丧失行动力

很多销售员每天都在说这个月要完成多少目标，可是却鲜见付诸行动。晚上想着千百条路，早上起来还在走原路一条。作为销售员，我们要提高业绩，必须知行合一，立刻行动，立刻改变。

☑没有梦想

首先你要问一问自己：我有梦想吗？然后弄清楚你的梦想到底是什么。我所说的梦想不是指那种实现财务自由、心灵自由的宏大梦想。我所说的梦想是指作为一个销售员，你今天的奋斗目标是什么？一旦你明白了自己的目标，所有惰性都会为你的目标让路。

当你想清楚你的梦想是什么时，就是你的蜕变之时。有时候，阻碍你的不是远方的那座高山，而是你脚底下的那块石头。比如，你今年的目标是成为全国名列前茅的销售员，那么你要做到 1000 万元的业绩，这 1000 万元就要求你每天必须开发 6 家客户。如果你今天不能开发 6 家客户，明天也不能开发 6 家客户，那么你的目标对于你来说，永远只是海市蜃楼。

当你明白了你的梦想后，你就会有动力逃离舒适区，远离惰性，每天不开发 6 家客户不罢休。有了这个劲头以后，你离 Top Sales 就不远了。

当然，我的意思并不是说你一定要成为第一名，而是你必须要弄清楚自己的目标。人只有有了目标，才会有动力。

说到这里，很多人会说："贺老师，这样的道理我都明白，但我还是做不好。"那么，我再问你两个问题：你是否清晰你每天的奋斗目标？你是否清楚你今天要签掉几家 B 类、C 类客户？

如果这两个问题你的回答很清楚、肯定的话，那么恭喜你，你已经在成长了。

作为销售员，我们要不断地通过学习，来弥补自己的短板。比如，你的能力不行，就去学习销售技巧；你的目标分解能力不行，就去提高目标分解能力；你的心态调整能力不好，就去培养心态调整能力……当你把这些短板的高度都提升了，那你就是一名 Top Sales 了。

人群中，永远只有 5% 的人能站在顶峰。当然，你努力了也不一定就会成功，但如果你不努力，你连成功的机会都没有。只有努力到无能为力，拼搏到感动自己的时候，你才能不断地蜕变升华。

投机心：阻碍知行合一的拦路虎

电影《后会无期》里有这样一句台词："听过很多道理，依然过不好这一生。"这句话运用到销售中，同样成立。前面我讲了许多销售知识和技巧，可能很多销售员在读完之后依然会有这样的疑问："这些销售知识和技巧我都认真学习了，为什么还是没有进步呢？”的确，很多时候，我们掌握了一大堆理论知识，可实际操作起来效果却并不显著。为什么？其中很关键的一点便在于，你有一颗投机心。正是这颗投机心，阻碍了你对这些销售知识和技巧的领悟、消化以及学以致用。

那么，何为投机心呢？所谓的投机心，就是指**人们放着原有的路径不走，非要另辟蹊径，妄图省时省事**。在现实生活中，大多数人的投机心可能都无法如愿，而只能让自己撞上南墙，头破血流，最终还是要返回去，继续走老路，省事不成反而费事。

我发现，大部分销售员在做销售的时候，其实都有喜欢投机的通病。这种投机心理通常又可以分为两种，一种是思想层面的，一种是行为层面的。

☑思想上的投机

归纳起来，普通销售员在思想上的投机心理主要表现在以下两个方面。

（1）偷工减料，忽视了销售本身的规律和法则

销售是一个先播种、后收获的过程。换言之，销售员在销售时，如果没有庞大的拜访量，就不会有积累，而没有积累，就无法签单。

道理很简单，可是许多销售员在实际的操作过程中，却并不认可这个规律，甚至会去抵触这个规律。他们总是妄图偷工减料，想以一种省略复杂过程或者说更轻松、更快捷的方式去成交。这便是一种典型的思想上的投机。

造成这种投机心理的原因主要是，许多销售员在实际的销售中，总是容易受到以往知识结构和惯性思维的影响，跳不出固有的思维模式，离不开自己的舒适区。

也正是基于这个原因，过去我在阿里巴巴时，我们会专门招聘一些没有工作经验但有销售潜质的毕业生。这些刚毕业的学生因为没有从事过销售，没有惯性思维，所以更容易接受并践行阿里巴巴的销售观念和销售方法论。而且，针对这个观念和方法论，他们往往更愿意去研究，去尝试，通常也适应得更好，成长得更快。

那些过去在不同行业做销售，甚至做得非常出色的销售员，到了阿里巴巴以后反而容易受挫。经过分析我们发现，这其实就是投机心理在作怪。因为投机心理，这些销售员会固守在自己原有的思维里，很难再接受一套全新的思维和全新的方法论。他们总是会不自觉地运用那些过去让他们取得了优异成绩的营销方式，而那些方式在阿里巴巴却并不一定能见效。

（2）渴望一招致胜

投机心理的另一个典型表现便是渴望一招致胜。在销售的过程中，许多销售员总是渴望拥有一门必杀技，能够让他们不用起早贪黑地去拜访客户就顺利签单。这样的必杀技，显然是不存在的。

毫不夸张地说，如今，许多销售员对销售这件事的认知，往往还停留在一个比较浅显的层面。当他们在听 Top Sales 分享一些签单经验和签单技巧的时候，会误认为这些经验和技巧就是一个方法论，于是照搬照抄，进行简单地模仿，而不去深入地分析总结这些经验和技巧背后的销售策略。

比如，某个销售员听说张三给客户送一本书就把单给签了，于是就觉得送书可以签单，下次拜访客户的时候也送书；听说李四陪着客户打了一场高尔夫就把单给签了，于是也邀请客户去打高尔夫球……类似这样的行为，相信很多销售员都经历过。

当然，我并不是要否定这种学习，我在很多场合都强调过，学习是一种重要的技能。但我所谓的学习，绝不是指照搬照抄，而应该是透过现象看本质，归纳总结别人成功签单的背后策略和方法，这才是学习的精髓。

总之，销售没有捷径，如果你妄想通过某个技巧一招致胜，那么你就注定只能做普通销售员。

☑行为上的投机

我在前面已经强调过，销售员的投机心理一般表现在思想和行为两个方面，下面就来梳理行为方面的投机。通常，行为上的投机也表现在两个方面。

（1）没有养成好的销售习惯

什么是习惯？习惯就是你平时根本不会去想某件事，但是一旦到了某个场景，就会产生条件反射，立马进入状态。比如，因为养成了良好的作战习惯，训练有素的士兵一到了战场上，便会立马进入角色，下意识地去听枪声、去辨别武器的射程、去明确敌人在什么位置、去思考自己的掩体应该在什么位置，等等。

从这个角度来分析，所谓的销售习惯，其实就是指将销售动作标准化、体系化，让销售成为一种条件反射。简单来说，就是当销售员不在销售场景中的时候，你可能感觉不到他是做销售的，但是一旦将他放置到销售场景中，他便会瞬间进入销售模式，全身心地进入销售角色中去。

我们都知道，销售是一个繁琐冗长、细节繁多的过程。而且，在这个过程中，一个销售员往往需要管理少则几十个、多则成百上千个客户，并且每个客户的类型、状态、需求痛点和解决方案也都不同。这就决定了我们在销售的每一个环节，无论是谈客户环节、签单环节，还是讲产品环节、挖掘需求环节，都必须养成良好的销售习惯，形成一套统一的销售标准。否则，销售就会变成一件困难的事情。

比如，在 Close 的环节，销售员必须养成 Close 的习惯，即不管客户谈到了什么状态，都要敢于在每一次谈判即将结束的时候，勇敢地提出 Close。当然，销售员 Close 的目的并不是说立马就要签单，而是要通过这个 Close 的过程，去判断客户的意愿、发现客户的问题，把客户看得更清楚，从而推动整个销售的进行。

再如，销售员必须养成让客户转介绍的习惯。不管客户谈得怎么样，都要养成让这个客户帮你去介绍其他客户的习惯，从而让自己获得更多的销售机会。

总之，销售员只有养成了良好的销售习惯，并且练就了自己的一套“独门武功”，才能更好地驾驭销售过程，达成销售目的。

（2）在行动上缺乏持久的练习

前面我强调了养成良好的销售习惯的重要性。其实，养成习惯还不够，要想让这些习惯稳定下来，并充分发挥作用，还必须在行动上加强练习。这是因为，构成习惯的那些小动作往往是非常琐碎、非常容易遗忘的，你不练习，就无法让它们成为一种潜意识行为。

比如，你养成了 Close 的习惯，可是你却不去拜访客户，不去实践，那么这个习惯又有什么意义呢？

☑克服销售投机心理的关键："一心三力"

不可否认的是，在销售中，人人都会犯错。犯错并不可怕，可怕的是不知道错在哪里，更不知道如何纠正。

通过分析我发现，其实大部分销售员在销售中之所以存在投机心理，是因为他们没有真正看清销售的本质，没有真正掌握销售方法，以及没有找准销售切入点。下面，我将带领大家共同来解决这些问题。

结合我自己做销售、做管理、带团队，包括创业的整个经历，我认为所谓的销售，其实就是做到**"一心三力"。"一心"指的是销售心，"三力"指的是销售力、执行力和影响力。**只要做到了"一心三力"，相信我们每个人都能克服投机心理，真正做到知行合一，将销售落到实处。

（1）销售心

销售心等同于初心。当你选择了走上销售这条路，你首先要做的，便是扪心自问：我为什么做销售？我做销售的初心是什么？除了销售，我还可以通过别的途径达到自己的目标吗？只有弄清楚了这些问题，你才能更坦诚地面对自己，更加脚踏实地。

（2）销售力

销售力即胜任力，也指销售的基本功。当你通过扪心自问，弄清楚了自己做销售的初心后，还需要锻炼自己的销售力，比如产品力、表达力、推动力、拿结果的能力等。练好了这些能力后，你的销售能力自然会得到大幅提升。

（3）执行力

对于执行力，大家都不会感到陌生。很多时候，销售比拼的其实就是执行力。而之所以那么多的销售员会产生投机心理，也正是因为他们自身的执行能力不够，妄想做事情都能一劳永逸。

（4）影响力

归根到底，营销其实就是两个人之间的一场对话，谁的影响力大，谁就能赢得这场对话的最终胜利。我这样说，可能很多人会觉得迷惑，但如果我们将这种影响力具体到个人魅力，那么理解起来就容易多了。

我们都知道，销售的核心便是**推销自己**。在这个过程中，如果销售员具有巨大的个人魅力，即影响力，那么他就能更好地将自己以沟通的形式传递给对方，他在销售中就能占据更大的优势。

总之，销售是一门技术活。销售员在销售的过程中，除了要学习必要的销售知识和销售技巧外，更要知行合一，学以致用。当然，要想做到这些，首先要摒弃的便是销售中的投机心理。

理论联系实践，养成十大高效习惯

好的习惯促进好的行为，好的行为成就好的结果。而所有的好习惯，都必须在实践中养成。

在前面，我花了很多篇幅讲解相关的销售知识和销售技巧，目的无外乎是要帮助销售员建立一个完整的营销知识体系，指导销售员更好地进行销售，为养成好的销售习惯奠定理论基础。那么，在实际的操作中，销售员又应该怎么做、养成哪些高效习惯呢？下面，我将为大家做一个梳理。

☑思考的习惯

所谓一日三省吾身，善于思考、懂得分析是销售员必备的素质之一。作为销售员，你可能每天都需要去拜访客户，时间也安排得很满、很紧。因此，你必须要养成善于思考的习惯，才能让每一天的工作变得更有逻辑、更有意义，才能让自己得到更快速的成长和更好的提升。

需要注意的是，我这里所说的思考，绝不是一个偶然的行为，更不是有针对性地出现在某个销售节点上，而是指**一种持续性的思考**。这种思考是打破了时间和空间的概念、贯穿于整个销售过程、融入销售员血液之中的思考。

说到这里，我和大家分享一下我的思考方法。

在从事销售行业的这些年里，我一直保持着一个良好的习惯。比如，每次谈完一个客户，从客户的办公室走出来，在赶往下一个客户的路上，我都会把刚刚拜访客户的情形在脑海里仔仔细细重新过一遍。在这个过程中，我会认真地问自己，如果我再去拜访一次客户，我该怎么去谈，怎么去做。通过这个思考的过程，我往往能找出这次拜访中存在的主要问题，比如和客户谈判的时候哪里说得不对，哪个时间节点没有把握好，等等。而这些，无疑能够帮助我在下一次的客户拜访中，减少问题的发生，做到更好。

这个思考的过程，对于销售其实非常有利，时至今日，我依然保持着这样的思考习惯。在每晚睡觉前或者工作的空隙，我都会对自己的工作做一个梳理和总结。

☑总结的习惯

很多人总是习惯将总结和思考混为一谈。其实，这二者并非同一个概念，而且是有本质区别的。思考更偏向于分析，而总结则需要提炼。

在前文中我已经强调过，销售必须抓重点。而所谓的抓重点，实际上就是一个总结提炼的过程，尤其是对产品价值的提炼。从这个层面来说，和思考一样，总结也是销售员必须具备的一项重要能力，这项能力直接决定着一个销售员的销售效率。

要想让自己具备这样的能力，销售员必须养成每天对业务进行总结的习惯。这里的业务总结，包括了客户总结、销售总结、自我总结等。

☑早起的习惯

如果你仔细观察身边那些 Top Sales，就会发现他们其实具有一个共同的特质，那就是他们的作息通常都是十分规律的，他们不太会熬夜，而且都习惯于早起。

销售其实是一项既需要体力又需要脑力的工作，这就要求销售员在工作的时候，必须具备充沛的精力。而好的精力又来源于好的休息，所以，早睡早起对于销售员十分重要。

俗话说："早起的鸟儿有食吃。"从另一个层面来说，你起得早，就意味着你的机会比别人多。反之，如果你起晚了，当你晃晃悠悠地赶去见客户的时候，客户很可能早就被别人撬走了。

要明白，销售除了拼实力，更需要拼时间。所以，养成早起的习惯对于销售而言非常重要。

☑勤奋的习惯

古往今来，凡是能成大事者，无一例外都具有勤奋的特质。

具体到销售上，衡量销售员勤奋与否的杠杆，其实就是拜访量。在前面，我已经多次强调了销售的播种收获原理以及销售员的客户沉淀的重要性。作为一个销售员，要想取得更好的销售成绩，就必须拜访更多的客户、拥有更多的经验积累，而这些经验积累，靠的就是**勤奋**。

在销售行业，几乎没有一个 Top Sales 的成功是能够脱离勤奋的。如果你去问那些 Top Sales 有什么成功的秘籍，相信你得到的最多的答案就是“勤奋”二字。对于销售新人而言，勤奋就更加重要了，因为他们本身在能力上已经落后于人，再不“笨鸟先飞”，靠勤奋去弥补，就注定会被行业淘汰。

需要注意的是，许多销售员通常会抱有这样一个错误的观念，认为勤奋是可以分阶段的——在某个特定的阶段，确实需要勤奋，但当自己的销售能力和销售技巧提高了，就可以不用和从前一样勤奋了。事实上，勤奋应该是贯穿销售员，甚至每个人一生的习惯。如果你抱有勤奋应该分阶段的观念，那么，一旦你不再勤奋了，你的事业和生活就会开始走下坡路了。

所以，终其一生，我们每个人都应该保持勤奋的习惯。

☑做笔记的习惯

俗话说，好记性不如烂笔头。做笔记的目的是为了帮助我们记录销售的整个过程，便于我们在拜访结束后对客户、对销售进行分析和管理。

比如，你今天拜访客户的目的是为了挖掘客户需求并处理一些反对意见，在这个有限的沟通时间里，客户向你传达的信息量其实是非常多的，如果你不记笔记，就很可能会遗漏信息。而且，你和客户的沟通通常也是非常缜密、非常有逻辑的，这时候，如果你忽略了其中的任何一句话或者任何一个细节，都可能会造成严重的影响。

除此之外，做笔记也代表着一种销售礼仪，是一个加分项。当你在和客户沟通的时候，如果你拿出一个笔记本、一支笔，认真地做笔记，你所传递的也是对客户的一种尊重。这个动作，和你什么都不做所带给客户的感觉，是完全不一样的。

☑进步的习惯

荀子说："不积跬步，无以至千里；不积小流，无以成江海。"每一个大进步，都是由小进步积累而来的；每一个 Top Sales，都是从普通销售员慢慢进阶而成的。一个销售员养成了持续进步的习惯，那么，他便会获得持续的成长，他便具有了成为 Top Sales 的潜力。

记得当年在阿里巴巴时，我的一位同事曾对我说："我感觉你好像始终在变化，一天不见就一个样，一个月不见就一个大样。"其实，这都是得益于我有一个督促自己不断进步的好习惯。直到今天，我对自己的要求仍然是每天都要进步 1%。这个进步，可以是心态上的，可以是销售能力上的，也可以是人际交往上的。总之，我绝不允许自己原地踏步。因为在我看来，原地踏步便是退步。

☑失败的习惯

说到失败的习惯，许多销售员或许会感觉奇怪：为什么要养成一种失败的习惯呢？如果总是失败，我们的自信心不就被消磨殆尽了吗？

其实，我这里所说的失败，是一种有学问的失败，是一种人生哲学。它强调的是从内心深处接受自己的失败，坦然面对自己的失败，并且不断从失败中总结经验，由此为成功打下坚实的基础。

在销售这个行业，没有永远的常胜将军，每一个 Top Sales 的炼成，都历经了千百次的失败。销售是一场马拉松，漫长的时间轴里，失败 10 次、20 次甚至成百上千次，其实都是很正常的。真正阻碍我们成功的，其实并不在于失败这件事本身，而在于我们对待失败的态度。

在现实的销售中，许多销售员总是无法接受自己的失败。当某个月的销售业绩没有完成时，他们就会变得很颓废、很沮丧。在这种情绪的支配下，他们下个月的销售业绩就可能会变得更差。如此恶性循环下去，最终等待他们的，便是业绩越来越差，甚至被行业淘汰。

面对失败，销售员最好的状态应该是坦然面对，把失败当作一种习惯和一件正常的事情。当你养成了失败的习惯，接受了失败的事实，你才能更好地理解它、包容它、改变它，从而屡败屡战，在失败中为自己铺就一条通往成功的道路。

☑倾听的习惯

对于销售而言，倾听也是一种必要并且重要的能力。倾听的最高境界是无声销售，当然，所谓的无声销售并不是指销售员在销售的过程中不说话，而是指少说多听。

对于销售，许多人总是存在这样一种误解，认为做销售就必须要能说会道，口若悬河。事实上，恰恰相反，在真正的销售中，你说多了，反而会产生负面的作用。

这和射击其实是一样的道理，对于射击来说，快不是最重要的，准才是关键。同样的，对于销售而言，说不是最重要的，听才是关键。前面我已经强调过，在一场销售当中，销售员的时间分配比例应该是这样的：30% 用来说，70% 用来听。

要明白，销售的本质是要卖东西，但这个卖东西的过程并不等同于说的过程，而是一个听说结合的过程，甚至听会占据更重要的位置。这是因为，只有你听多了，你才能挖掘客户的需求，找到客户的痛点，在此基础上，再进行组织策略，一击即中。

☑分享的习惯

具备给予的意识，愿意去奉献、去分享，也是销售员必须养成的习惯之一。

从理论上来说，分享是最好的学习方法之一，因为分享是双向的，当你在分享的时候，你其实也在学习。

正所谓教学相长，当一个人在给予的时候，其实他也会获得一些东西。所以，如果销售员想学到更多的东西，首先要培养的便是分享的习惯。

☑成交的习惯

最后我们来聊一聊成交的习惯。

所谓成交的习惯，是指当我们在做销售的时候，要始终怀揣签单的目的，要敢于随时随地提出成交。

在现实的销售中，许多销售员到了关键的最后一步，总是会恐惧、会退缩，这其实是很正常的。但是，这种恐惧和退缩，也是可以通过训练去克服的。而这个克服的过程，便是成交习惯的养成过程。

以上为人家总结梳理了销售员必须具备的十大高效习惯。这十大高效习惯，也是普通销售员晋级为 Top Sales 的阶梯。当然，这些高效习惯的养成，都需要我们在实践中不断摸索，不断总结，不断练习。

图书在版编目（CIP）数据

销售冠军是如何炼成的：阿里铁军销售进阶课 / 贺学友著. --成都：四川人民出版社，2019. 6（2023. 12 重印）

ISBN 978-7-220-11314-7

Ⅰ. ①销… Ⅱ. ①贺… Ⅲ. ①电子商务－市场营销学 Ⅳ. ① F713. 365. 2

中国版本图书馆 CIP 数据核字（2019）第 058648 号

XIAOSHOU GUANJUN SHI RUHE LIANCHENG DE
ALI TIEJUN XIAOSHOU JINJIE KE

销售冠军是如何炼成的：阿里铁军销售进阶课

贺学友 著

责任编辑	何朝霞　蒋科兰
出　　版	四川人民出版社
策　　划	杭州蓝狮子文化创意股份有限公司
发　　行	杭州飞阅图书有限公司
经　　销	新华书店
制　　版	杭州隆盛图文制作有限公司
印　　刷	杭州钱江彩色印务有限公司
规　　格	880×1230 毫米　32 开 7.125 印张　148 千字
版　　次	2019 年 6 月第 1 版
印　　次	2023 年 12 月第 13 次印刷
书　　号	ISBN 978-7-220-11314- 7
定　　价	58.00 元
地　　址	成都三色路 238 号
电　　话	（028）86361656